본질은
변하지 않는다

본질은 변하지 않는다

30년 불황을 견딘
일본 강소기업의
생존 공식

오태헌 지음

不易流行

21세기북스

불역유행 경영 원칙 3.   # 개발이 아니라 개선

不易
流行

지속가능한
기업이 되는 길

오래 살아남는 기업이 강한 기업이라면, 일본은 세상에서 강한 기업이 가장 많은 나라가 틀림없습니다. 왜냐하면 매년 1,000개 이상의 기업이 창업 100주년을 맞이하고 있고, 2022년에는 처음으로 100년 넘은 기업이 4만 개가 넘었기 때문입니다. 일본은 기업도 '장수대국'입니다. 놀라운 것은 이들 기업 대부분은 규모가 작은 중소기업이란 점입니다. 이 사실을 연구자로서 마냥 보고만 있을 수는 없습니다. 오래가는 기업의 장수 비결을 알아내기 위해 업력이 장구한 일본의 기업들을 직접 찾아가 보았습니다.

"한국 사람은 치킨을 많이 먹고, 치킨 맛이 혁신을 거듭하며 관련 산업이 성장하고 있다고 들었는데, 오 교수님은 치킨 장사가 지속가능하다고 생각하세요?" 바로 대답하지 못하고 머뭇거리는 저를 향해 그의 생각을 이야기합니다. "한국의 치킨도 그렇지만, 두부 역시 지속가능합니다. 왜냐하면 두부는 일본의 전통 음식이고 우리는 거기에 혁신적인 아이디어를 더해 신제품을 계속해서 만들어 내고 있기 때문입니다." 본문에 소개한 기업 '오토후 공방 이시카와'의 이시카와 사장이 필자와 인터뷰를 시작하면서 한 말입니다.

기업이 강하다는 것은 매우 불명확한 개념이지만 사업의 지속가능성으로 그 의미를 바꿔보면 훨씬 더 이해가 쉬워집니다. 모든 기업이 '지속가능한 경영'을 원하지만, 그런 만큼 손쉽게 얻어지지 않는다는 것도 잘 알 수 있습니다.

시장이 생겼다 싶으면 이윽고 득달같이 달려드는 대기업과 경쟁해야 하는 비즈니스 세계에서 오래 살아남는 일본의 작은 기업들은 어떤 경영 노하우를 축적하고 있는 것일까요? 그들은 변화하는 시대의 흐름에 무엇을 생각하고 어떤 경영 판단을 내렸던 것일까요? 그 기업의 비밀을 푸는 것에서 불확실한 미래를 살아가기 위한 힌트를 배울 수 있을 것입니다. 이러한 기업의 체질을 분석하고 해부해서 경영에 활용하려는 움직임이 활발해지고 있습니다. 기업이 오랫동안 존속하기 위해서는 어떤 조건이 필요한 것일까요?

바꾸지 않으면서 변한다

이러한 일본 강소기업의 경영력을 단 한마디로 요약하라면 저는 한 치의 망설임도 없이 '불역유행不易流行*'이라고 말하겠습니다. 불역유행이란 '바꾸지 않으면서 변한다.' '변함없는 원칙을 지키면서도 상황과 환경에 맞추어 혁신한다.'라는 뜻을 담고 있습니다. 적지 않은 일본의 경영자들이 경영하는 태도와 마음가짐으로 가장 먼저 떠올리는 단어입니다. 한국의 많은 경영인들 역시 비슷한 생각으로 회사를 경영하고 있으리라 추측합니다.

전통적인 것, 옛것을 소중히 여긴다는 점에서 뜻풀이만 보면 우리가 익히 잘 알고 있는 온고지신温故知新과도 언뜻 비슷하게 느껴지기도 합니다. 하지만 새로운 것을 발견하기 위해 옛것을 소중하게 생각해야 한다는 '온고지신'과, 전통을 중요하게 여기면서 새로운 것을 외부로부터 받아들이는 '불역유행'과는 새로운 것을 받아들이는 방법에 차이가 있습니다. 옛것을 중시하면서도

• 17세기 일본, 에도시대 초기 문인 마츠오 바쇼松尾芭蕉가 주장한 하이카이俳諧(에도시대에 번성한 일본 시가문학의 한 장르)의 기본 이념에서 유래했다.

새로운 쪽에 무게를 두고 있는 점도 다르다고 생각합니다. 기업이 활약하는 장소는 시장입니다. 따라서 변화하는 시장에서 끊임없이 대응할 수 있는 기업은 그만큼 생존할 가능성이 커집니다. 왜냐하면 소비자는 변화를 즐길 준비가 되어 있기 때문입니다.

불역이란 시대가 변하더라도 변함없이 유지되는 본질이며 유행은 시대의 변화와 함께 바뀌는 상황입니다. 불역과 유행은 서로 상반되는 존재가 아니라 오히려 서로 보완하는 불가분의 관계라고 볼 수 있습니다. 불역유행은 바꿔 말하면 경영의 원점에 대한 고집과 쉼 없는 혁신의 실천입니다.

도쿄에서 100년 이상 경영을 이어가고 있는 노포들의 모임인 '토도 노렌카이東都のれん会•'가 있습니다. 일본 여러 지역에 있는 노포 단체 중에서 가장 오랜 역사를 자랑하는 곳입니다. 이 단체가 발행하는 기관지의 창간호 서문에 불역유행에 대한 글이 있어 일부를 옮겨 봅니다.

'지금의 젊은 사람들은 전통을 존중하는 마음을 일컬어 케케묵었다고 한다. 그러나 심히 낡은 전통이란 케케묵을 때까지의 수명이 있었다는 증거이다. 오늘의 새것은 내일이면 옛것이 된

• 　노렌暖簾, の-れん이란 일본 가게나 건물 입구에 드리운 긴 무명천으로, 가게를 상징하는 문양이 그려져 있다. 원래는 외풍을 막을 용도였으나 지금은 외부인들에게 영업중임을 알리는 동시에 손님들에게 제품의 품질을 보증한다는 의미를 담고 있는 것으로, 일본 상인들의 전통과 자부심을 상징한다.

다. 매일매일 새로운 것만 추구해서는 아무리 시간이 지나도 안정될 때가 오지 않는다. 수명이 없는 새로움에 무슨 가치가 있겠는가. 전통은 갈고닦으며 중히 여길수록 새로운 광채를 낸다. 그저 제자리걸음으로 멈춰 있기에 낡아지는 것이다. 그러니 새로운 생명을 불어넣는 것을 게을리해서는 안 된다.'

그렇다면 남겨야 하는 본질은 무엇이고, 받아들이며 고쳐나가야 하는 변화는 무엇일까요? 동전의 양면과도 같은, 변하면 안 되는 본질과 시대의 흐름에 맞게 바꿔야 하는 변화는 무엇일까요?

먼저 '변해서는 안 되는 본질'로는 첫째, 고객 제일주의(선의후리), 둘째, 본업중시, 셋째, 기업 이념 유지 등을 들 수 있습니다. 그러나 이러한 본질은 경영 이념으로 명문화되더라도 실무를 통해 실현되어야 하는 가치관에 불과합니다. 즉 이러한 가치관을 집약시킨 눈에 보이지 않는 기본 이념이, 변하지 않는 전통이 되어 일상 업무를 통해 계승되고 있는 것입니다.

한편 '시대의 흐름에 맞는 변화'는 첫째, 고객 니즈에 대한 대응, 둘째, 시대를 반 발짝 앞서 걷는 것, 셋째, 기업 이념 해석을 시대에 맞게 수정하는 것, 넷째, 본업 축소를 전제로 한 신규사업 확립 등을 확인할 수 있습니다. 즉 고객 니즈의 변화에 맞게 상품·서비스를 개선하고 시대의 변화에 맞게 판매채널을 변경하는 것입니다.

결국 경영의 핵심이 되는 기본이념을 기반으로 하면서 상품·서비스와 판매채널은 물론 본업에서 파생되는 신규사업을 고객 니즈와 시대의 흐름에 맞게 변화시켜 가면 기업을 강하게 만들었다고 볼 수 있습니다. 그런 의미에서, 변하지 않는 기본이념 이외의 모든 것을 극히 현실적으로 변화시킨 것이, 강해질 수 있었던 중요한 요인이라고 생각합니다. 따라서 지켜야 할 부분과 바꿔야 할 부분의 판별이 지속적인 발전을 실현하기 위한 조건이 되는 셈입니다.

이 책에서 소개하는 기업들은 경영하는 데 중요한 마음가짐과 자세로 여기는 불역유행을 실천해서 강해진 기업들입니다. 경영의 원점에 대한 집념과 혁신의 지속적인 실천이라는 양쪽 측면이 확인된 기업들입니다. '불역'이란 시대가 변하더라도 변화하지 않는 본질이며, '유행'은 시대와 함께 변해가는 모습입니다. 이 두 가지가 상반되는 존재가 아니라 오히려 서로를 보완해주는 불가분의 관계에 있다고 생각합니다.

기업경영은 단기적인 수익을 추구하는 것만이 아니라 중장기적인 기업가치 향상도 빼놓을 수 없는 한 축이 되어야 합니다. 왜냐하면 아무리 단기적으로 실적 호조가 이어진다 하더라도 결국 망하면 의미가 없기 때문입니다. 기업의 지속적인 발전은 주주와 투자자뿐 아니라 그곳에서 일하는 종업원 등 기업과 관련한 모든 사람이 바라는 것이도 합니다. 그렇기 때문에 지속가능 경영을 실현하고 있는 강소기업의 경영 노하우를 배우는 것이 마땅합니다. 강소기업은 성공체험은 물론 실패 사례도 다양하게 축적하고 있습니다. 다양한 각도에서 강소기업을 분석하면 지속가능한 기업 체질로 다시 태어날 수 있는 실마리를 찾을 수 있을 것이라 생각합니다.

다만 이들 강소기업이 갖추고 있는 특징 모두가 지속가능성을 높이는 요소라고 보기는 어렵습니다. 외부에서는 보이지 않는 부분에 지속가능한 발전을 촉진시키는 요소가 숨겨져 있을 가능성도 있고, 보이는 부분이 오히려 마이너스 요인으로 작용할 가능성도 있습니다.

기업의 지속가능성은 하던 것을 원하는 것으로 나눈 값입니다. 따라서 기업이 지속가능성을 높이기 위해서는 하던 것을 늘리든지, 원하는 걸 줄여야 합니다. 많은 기업이 지금 하는(갖고 있는) 것에서 떠나 또 다른 무엇인가를 더 가지려 합니다. 그러면 당연히 지속가능성은 낮아집니다. 새로운 도전은 하던 것의 연장선에서 찾아야 합니다.

사실 강소기업을 구성하는 요소 중, 어느 것이 그 기업의 지속가능성을 높여주는 것인지 찾아내는 일은 결코 쉽지 않습니다.

따라서 강소기업의 경영을 참고하는 경우에는 다각적인 분석과 사례 검증, 자사의 비즈니스에 적용 가능한지에 대한 실증을 반복해 볼 필요가 있을 겁니다.

그런 의미에서 거대한 담론에 가려 잘 들리지 않는 개별기업의 목소리에 주목하는 것이 필요합니다. 생존을 위해 분투하는 다양한 기업을 발굴해서 책을 쓰는 이유입니다. 스스로의 성장과 성찰을 놓치지 않는 기업이야기를 담았습니다. 이 책의 주된 독자는 하루하루를 살얼음 위를 걷는 초조함과 미래에 대한 불안감으로 잠을 제대로 이루지 못할 것 같은 우리나라 중소기업 CEO를 상정하고 있습니다. 사례로 언급하는 32개 기업의 진화생존기 속에는 분명 참고가 될 만한 내용이 차고 넘치리라 확신합니다. 이들 기업이 담금질을 한 쇠처럼 강한 기업으로 살아남기 위해 어떤 치열한 경쟁과 위기를 경험했는지 확인할 수 있을 겁니다.

이들 강소기업이 불역유행을 마음속에 품으며 실현하기 위해 지켜 온 원칙 세 가지를 확인할 수 있었습니다.

첫째는 목표가 아니라 목적을,
둘째는 성장이 아니라 발전을,

셋째는 개발이 아니라 개선을, 입니다.

이는 수많은 일본의 강소기업 사례를 연구하며 쌓아 얻은 결과입니다. 이들 기업은 경영이념과도 같은 '불역유행'이라는 목표에 도달하기 위해 '발전지향적인 목적경영'이라는 전략을 설정하고, 이 전략을 실행하기 위한 전술로 '개선'을 중요하게 여긴 것으로 보입니다. 전략 실행을 위한 구체적 행동인 전술에는 주어진 경영자원을 어떻게 효율적으로 운영할 것인지가 담겨 있어야 성과로 이어질 수 있습니다. 경영은 분명한 목적을 가지고 하던 것을 부단히 바꿔 나가면 발전하게 되고, 그 발전은 기업의 양적 성장을 불러옵니다. 사례기업들이 그걸 알고 했는지는 알 수 없지만, 어찌 됐든 결과는 그렇습니다.

기업은 어떻게 하면 강해질 수 있는지를 규명하면 오래 살아남을 수 있게 됩니다. 이 책은 강해지면서 오래 살아남은 일본의 작은 기업들의 이야기입니다. 살아남기 위해 강해지는 방법을 터득했다는 말이 맞을지 모릅니다. 이제 이들 기업이 강해질 수 있었던 비결을 규명해 보고자 합니다.

첫 번째는 '목표가 아니라 목적'입니다

기업을 경영하는 사람이라면 '왜 경영을 하는가?'라는 질문에 지체하지 않고 곧바로 분명하게 대답을 할 수 있어야 합니다. 스스로 경영을 하는 이유에 대해 끊임없이 질문하고 답을 찾아야 합니다. 목적이 있는 기업은 어떤 일이 있어서 나아가야 하는 방향이 분명하기 때문에 웬만한 위기에 흔들리지 않습니다. 동기부여를 위한 목표도 중요하지만 지속가능한 경영을 하기 위해서 더 필요한 것은 경영하는 이유 즉 목적입니다.

목적이 분명한 목표는 달성 가능성이 높아집니다. 목표는 목적이 전제가 되어야 1등을 왜 해야 하는지, 전년 대비 매출을 왜 30퍼센트 늘려야 하는지, 그 이유가 맹목적이라면 도달할 가능성은 그만큼 줄어들 겁니다. 이런 과정의 반복으로 기업은 강해지고 지속가능성이 높아집니다. 목적이 분명한 기업은 경영상의 판단 착오로 어려워질 수 있어도 망할 만큼 휘청이는 경우는 드뭅니다.

경영하는 목적의 중요성은 이미 많은 세계적인 경영인이 강조했던 말이어서 새로울 것이 없을지 모릅니다. 그러나 그만큼 업종과 기업 규모를 막론하고 거론되는 이유는 대의명분은 실제로 사람을 움직이는 힘이 있기 때문입니다. 특히 탁월한 경영능력으로 이른바 경영의 신으로 불리는 이나모리 가즈오의 책『마지막 수업』에서 제시하는 경영 원칙, '경영12개조'에 가장 먼저 등장하는 조항도 바로 '사업의 목적, 의의를 명확히 해야 한다'입니다.

이 같은 '목적경영'은 앞서 언급했던 '오토후 공방 이시카와'의 사례를 통해서도 어렵지 않게 설명할 수 있습니다. 이시카와 사장은 인터뷰를 시작하자 가장 먼저 우리에게도 익숙한 '콩 세 알 이야기'를 먼저 꺼냈습니다.

"콩을 심을 때 자그마한 흙구덩이에 서너 알씩 넣어 묻어줍니다. 한 알은 날짐승의 몫이고, 하나는 흙 속의 벌레들의 몫이고, 나머지 하나가 땀 흘린 농부의 몫입니다. 오로지 콩만 생각하며 외곬 인생을 살아온 저는 남을 배려하며 나눔의 삶을 사는 것을 항상 마음에 새기며 경영을 하고 있습니다."

두 번째는 '성장이 아니라 발전'입니다

성장은 사물의 규모가 커지거나 그 세력이 이전보다 늘어나는 것을 의미합니다. 또한 개체나 세포가 형태적 또는 양적으로 증대가 되는 변화를 말합니다. 발전은 사물이 보다 낫고 더 좋은 상태로 나아가며, 일이 어떤 방향으로 전개됨을 뜻합니다. 양적 성장을 추구하기보다 지향하는 경영 목적을 유지하며 더 나은 경영상태를 만들기 위한 발전을 하려고 노력합니다. 그 발전은 전통과 이노베이션의 효율적 융합에서 비롯되는 경우가 대부분입니다.

전통을 지키며 성장하기 위해서는 혁신이라는 마중물이 필요합니다. 한 우물을 파는 것도 좋지만 마중물 없이 펌프질을 계속한다고 새로운 물이 솟아오르지 않는 것과 다르지 않습니다. 아이가 태어나 성인으로 커가는 과정은 성장이며, 자동차나 휴대전화가 변화해 온 것은 발전입니다. 일본의 강소 장수기업은 성장형 진화가 아니라 발전형 진화를 이어가고 있습니다.

창업 초기는 양적 성장이 필요하지만, 어느 시기가 되면 질적인 변화를 통한 발전이 중요해 집니다. 그것은 기업 스스로 개성을 찾아가는 일일지 모릅니다. 다른 경영학 언어로는 차별화입니다. 기업이 자신만의 개성을 구축하는 데는 시간이 걸립니다. 책을 읽으면 누구라도 알 수 있는 지식이나 생각과 같이 쉽게 배울 수 있는 개성은 바로 모방이 가능합니다. 시장에서 모방이 이루어지지 못하도록 하기 위해서는 어느 정도 형성하는 데 시간이 걸리는 개성을 구축할 필요가 있습니다. 기업 고유의 개성은 내적 진화 즉 기업의 양적인 성장이 아니라 질적인 발전을 통해 이루어집니다.

세 번째는 '개발이 아니라 개선'입니다

　지속가능에 방점을 찍고 진화하는 기업은 '이 세상에 없는 새로운 것을 연구해서 만들어내는 것보다 중요한 것은 하던 일을 더 잘할 수 없을지를 궁리하고 탐색하는 것'이라고 말합니다. 100년을 지속하는 기업에게 전통이란 부족하거나 잘못된 것을 고치며 날마다 새롭게 쌓아 올리는 것입니다. 즉 개발보다는 개선이 먼저인 셈입니다. 개발은 여러 위험을 감수해야 하지만 개선은 그 위험을 최소화할 수 있기 때문에 기업의 생존에 방해요소로 작용하지는 않습니다. 전에 없던 것이나 방법을 새로 생각해서 만들어내는 발명을 하기보다는 미처 보지 못했던 것이나 알려지지 않은 내재되어 있는 잠재력을 찾는 발견이 중요하다고 생각하는 것입니다.

　이 같은 개선의 중심에는 차별화가 있습니다. 사실 기업 규모에 상관없이 어떤 기업이든 차별화를 하기 위해 부단히 노력하기 때문에 차별화하는 방법이 하나일 수는 없습니다. 하물며 경영자원이 부족한 중소기업이 가격경쟁에 휘말리기라도 하면 잠시도 지탱하기 어려워집니다. 따라서 중소기업은 타사와는 다른 개성을 바탕으로 차이를 만들어내는 전략이 필요합니다. 신제품 개발은 기존 제품의 개선을 통해 이루어집니다.

제품개선을 위해 담금질을 개을리하지 않으며 강해진 기업이란 어쩌면 '중간은 간다' 하는 기업일지 모릅니다. 잘하지도 못하지도 않은, 그렇지만 시대의 흐름에 맞춰 변화를 등지지 않으며 하던 것을 꾸준히 해온 성실한 기업이 맞습니다. 그만큼 기업은 생존이 어렵다는 이야기입니다. 중간을 유지하기도 무척 어려운 일이지만 이를 지속하면 결국 강한 기업이 됩니다.

그러기 위해 필요한 것이 '자기변혁력'을 키우는 일입니다. 이 책에서 소개하는 기업 모두는 변화하고 혁신하는 것을 뒤로 미루지 않았습니다. 스스로 변해야 생존을 넘어 진화할 수 있다는 것을 보여줍니다. 경영에 정답이 있을 수 없습니다. 따라서 사고력과 창의력을 키워야 합니다. 모두가 맞다고 말하는 그 이유에 '정말?'이라고 되물어야 합니다.

여러분이 경영자라면 어느 쪽을 선택하시겠습니까? 목적 아니면 목표, 개선 아니면 개발, 발전 아니면 성장. 목적과 개선과 발전을 경영의 중심에 놓는다면 장기적 관점의 가치지향형 경영을 하는 것입니다. 반면 목표와 개발과 성장을 중요하고 여긴다면 단기적 관점의 성과지향형 경영이라고 볼 수 있습니다. 일본의 강한 작은 기업들은 경영하는 분명한 목적과 체질화된 개선 그리고 숫자에 매몰되지 않은 내적 발전 즉 장기적 관점에서의 경영을 해 왔기 때문에 지속가능성을 높일 수 있었습니다. 그래서 일본에는 결과적으로 장수기업이 많은 것입니다.

　　2019년 4월과 2022년 6월에 출간한 『일본 중소기업 본업사수 경영』, 『일본 중소기업 진화생존기』라는 두 권의 책과 마찬가지로, 이 책 역시 멀티캠퍼스가 운영하는 프리미엄 지식서비스 SERICEO의 '日 중소기업 진화생존기'라는 프로그램에 소개한 기업사례를 모은 것입니다. 2017년에 시작한 프로그램을 7년째 담당하며 일본의 강소기업 사례를 찾아 정리하며 공부해 왔지만, 사례가 쌓일수록 새롭게 알아가는 것 역시 쌓여가는 느낌입니다. 이번에는 이들 기업 특징에 대해 뻔한 이유를 걷어내고 정말 궁금하지만 쉽게 찾지 못하는 것을 규명하고 싶었고, 그 결과를 정리한 것이 이 책입니다. 책에 등장하는 기업의 업종은 제조업 비중이 가장 높지만 그 외에도 서비스업, 사회공헌기업 등 다양합니다. 독자 여러분도 이 책에 등장하는 기업사례에서 나름의 해답을 찾을 수 있기를 바랍니다.

불역유행
경영 원칙
1.

본질은 변하지 않는다

30년 불황을 견딘 일본 강소기업의 생존 공식

목표가 아니라
목적

세상에 존재하는 이유가
분명한 기업이 살아남는다

'왜 경영하는가?'라는 질문에 지체 없이, 분명하게 대답할 수 있어야 합니다.
모두가 '옳다!'라고 말하는 그 이유에 '정말?'이라고 되물으며
나만의 이유를 찾는 것이 지속가능한 경영의 첫걸음입니다.

생물과 기업은 변화에 적응한 자가 강자가 되어 살아남는다는 공
통점이 있습니다. 그러나 한 가지 다른 점이 있습니다. 생물은 죽
음이라는 정해진 미래를 언젠가 맞게 되지만 기업은 반드시 그렇
지만은 않으며 영속의 기회가 있다는 사실입니다.

　　일본의 강소기업은 성장형 경영보다 영속형 경영을 하는 경
향이 뚜렷하게 나타납니다. 영속형 경영은 경영하는 이유 즉 명
확한 목적을 가지고 있을수록 실현 가능성이 높아집니다. 이들의

경쟁우위는 철저한 고집에서 비롯되었습니다. 재료를 엄선하고, 기술 노하우를 갈고닦고, 때로는 비용과 시간이라는 경영 효율조차 무시한 채 '목적 중심 경영' 실현에 매진한 결과입니다.

목적 없는 목표 설정은 기업 구성원으로부터 동력을 얻어내기 힘들고 달성 가능성도 그만큼 낮아집니다. 목표보다 목적이 선행되어야 하는 이유입니다. 예측하기 어려운 급변하는 환경 속에서 경영하다 보면 예상 밖의 일들과 맞닥뜨리게 됩니다. 무엇을 잘못해서 이런 일이 벌어진 걸까? 경영자가 잘못한 것은 목표에 매몰되어 목적을 잊고 있었던 것일 수 있습니다. 이럴 때일수록 경영의 본질로 돌아가야 합니다.

다만 강소기업을 목표로 발전해 가는 과정에서 빠지기 쉬운 딜레마가 존재합니다. 지속성을 중시한 나머지 경영이 보수적인 성향을 보일 수 있기 때문입니다. 과거의 실적을 지키려고 의식할수록 보수적 경영에 빠질 공산이 커집니다. 따라서 목숨처럼 지켜야 할 부분과 변해야 하는 부분을 찾아내, 시대의 변화에 맞게 새로운 혁신을 만들어 내는 것이 무엇보다 중요합니다.

그렇지만 어려운 것은 오래 살아남기 위한 '수비 경영'과 혁신을 만들어 내는 '공격 경영'의 균형입니다. 본문에서 소개한 32개의 구체적 기업사례가 수비와 공격의 균형을 생각하는 데 도움이 될 것으로 확신합니다. 왜냐하면 사내에 축적한 노하우는 확실하게 계승해 나가면서 시대의 변화에 맞게 과감한 도전을 한 기업들이기 때문입니다.

목적 중심 경영이란?

세상에 존재하는 이유가 분명한 기업은 지속가능 경영에 빼놓을 수 없는 한 축이 된 지 오래되었습니다. 기업 스스로 목적을 사회의 이익과 일치시키지 않으면 지속가능할 수 없다는 사실은 이미 수두룩하게 쌓여 있습니다. 생존을 고민하며 내년의 매출 목표를 설정하는 1차원적 전략에서 벗어나 존재의 가치에 대해 깊이 고민해서 답을 찾아야 합니다.

근시안적인 이익 추구에 매몰되어 목적의식이 흐려지면 그만큼 기업의 수명은 짧아질 공산이 커진다는 것을, 이 책에서 소개하는 강소기업 사례를 통해 확인할 수 있을 것입니다. 목적중심경영을 실현하기 위해서는 기업의 철학과 지향하는 가치도 정말 중요하며, 이것이 구호에 머물지 않고 구성원들이 회사의 목적과 가치를 이해하고 공유해서 실천하는 것 또한 일본의 강소기업들이 갖고 있는 공통분모 중 하나입니다.

사실 목적 중심 경영은 새로운 개념이 아닙니다. 이미 오래전부터 많은 경영학자는 물론 성공한 기업인들이 강조해 왔던 것입니다. 대표적으로 1960년대 활약했던 매니지먼트의 최고 권위자라고 할 수 있는 피터 드러커는 '기업이 무엇인지를 이해하기 위해서는 기업의 목적부터 생각해야 한다. 기업의 목적은 각각의 기업 외부에 존재한다. 사실 기업은 사회의 기관이며 그 목적은 사회에 있다. 기업의 목적으로 유효한 정의는 단 하나뿐인데, 바로 고객의 창조이다.'라고 말했습니다. 그리고 일본에서 칭송받는 기업인 중 한 명인 소니의 창업자 모리타 아키오는 "모든 종업원의 행복을 물심양면으로 추구하는 것과 동시에 인류, 사회의 발전에 기여한다. 이것 이외에 기업의 목적은 존재하지 않는다."라고 했습니다.

목적은 바꿔 말하면 존재가치입니다. 그러나 목표는 하나의 통과 지점이며 목적 달성의 수단이라고 할 수 있습니다. '10억 원의 매출을 달성하자!', '2억 원의 이익을 내자!'가 기업의 목적이 되어서는 지속가능한 강한 기업이 되기 어렵습니다. 왜냐하면 소비자는 기업이 제공하는 제품 및 서비스 정보를 일방적으로 수용하는 고객에서 적극적으로 정보를 탐색하고 가치에 따라 행동하는 능동적 고객으로 빠르게 바뀌고 있기 때문입니다.

이들 기업은 외적 성장보다 내적 진화에 방점이 찍혀 있는 경영을 합니다. 따라서 유형자산보다는 무형의 자산을 보다 소중하게 여기며 키워나가려는 경향을 보입니다. 따라서 매출지향형 경영보다 중요한 것을 지역사회의 신뢰로 여기는 겁니다. 이것이 바로 오랜 기간 축적된 '장사하는 방법'을 통해 얻은 그들의 지혜입니다. 시장에서 그 가치를 인정하는 브랜드는 그런 세월을 몸소 체험하며 이겨낸 노력에 대해 소비자가 부여해 주는 선물입니다.

따라서 어쩌면 기업의 목적은 기업 밖에 존재할지도 모릅니다. 사실 기업은 사회의 한 기관이기 때문에 그 목적 역시 사회에 있는 것이 맞습니다. 수없이 많은 기업경영의 명장면과 명언을 남기고 지난 2022년 세상을 떠난 이나모리 가즈오 교세라 창업주는 이런 말을 남겼습니다. "'물심양면으로 모든 직원의 행복을 추구하는 동시에 인류, 사회의 발전에 기여한다.' 이 이외에 기업의 목적은 없다."

지속가능한 기업은 사회와 공존합니다

사실 목적을 중시하는 경영은 최근 ESG 경영과 맞물려 새롭게 조명을 받고 있는 것 같지만, 일본기업들에는 결코 그렇지 않습니다. 멀리 에도시대 3대 상인 중 하나로 불렸던 오미近江 상인의 장사 철학이었던 산포요시三方よし에 그 목적경영이 고스란히 담겨 있기 때문입니다. 산포요시란 파는 사람은 물론이고 사는

사람도 좋고 세상에도 이로워야 한다는 생각을 말합니다. 즉, 사회공헌과 지역사회와의 공존 없이 하는 장사는 성립하기 어려울 뿐 아니라 지속가능하지 않다고 본 것입니다. 경영하는 목적이 무엇인지를 생각해 보면, 그것이 환경변화에 강한 기업으로 성장하기 위한 발판이 될지도 모릅니다.

이 책에서 소개하는 기업들을 통해 분명한 목적경영이 실천으로 이어져 성과를 내고 있는 것을 확인할 수 있을 겁니다. 그러기 위해 이들 기업은 목적에 부합하는 기업활동을 실천하고, 그 활동과 자사의 목적을 적극적으로 발신하고 있습니다. 더불어 그러한 활동이 목적에 맞는지를 정기적으로 확인하는 것 역시 잊지 않고 챙깁니다.

전통을 잇다

—— 기업사례 #1 ——

아에루

그곳에는 정말 많은 보물이 숨겨져 있었다. 선조로부터 계승되어 온
기술을 묵묵히 지켜내고 있는 사람들이 바로 그 보물이다. 이들의 기술을
지금 우리들의 생활에 활용할 수 있는 길을 찾아보자고 생각했다.

아기용품과 전통 공예의 만남, 지금까지 없었던 발상으로 주목을
받고 있는 기업이 있습니다. 바로 아에루라는 기업입니다. 대학
졸업을 앞둔 22살의 여대생이 창업해 시장의 새바람을 불러오고
있습니다. 아에루는 '0살부터의 전통 브랜드'라는 캐치프레이즈
를 앞세우고, 선인들의 지혜를 다음 세대로 이어가겠다는 전략으

로 사세를 크게 확장해 나가고 있습니다. 창업한 지 불과 10년 여가 조금 지났지만, 이미 생산을 기다려야 하는 예약주문이 수두룩할 만큼 인기입니다.

진화 ① 전통을 차세대로 잇다

야지마 사장이 창업을 결심하게 된 것은 19살 때였다고 합니다. 전국을 여행하면서 만난 다양한 일본 전통문화가 그의 마음을 사로잡은 겁니다. "그곳에는 정말 많은 보물이 숨겨져 있었다. 선조로부터 계승되어 온 기술을 묵묵히 지켜내고 있는 장인들이 바로 그 보물이다. 이들의 기술을 지금 우리들의 생활에 활용할 수 있는 길을 찾아보자고 생각했다."

대학 3학년 때 야지마 사장은 사업계획을 구체적으로 짜고 가능성을 타진하기 위해 도쿄도가 주최하는 '학생 기업가 선발전'에 응모했습니다. 결과는 우수상이었습니다. 야지마 사장은 당시 받은 상금 150만 엔을 밑천으로 2011년 3월에 1인 창업을 시작했습니다. 아에루和える라는 회사 이름은 '전통과 현대의 감성을 살리면서 버무린다和える'라는 의미가 담겨 있습니다.

진화 ② 좋은 건 아기들이 더 잘 안다

일본에는 오랜 전통을 지닌 칠기, 날염 등 각종 공예품을 만들던 전통산업의 산지가 많습니다. 그곳에서 만들어지는 제품의 높은 완성도는 잘 알려져 있지만 그만큼 너무 비쌀 것 같다는 선입견 때문인지 일본에서도 일상적으로 사용하는 사람이 많지 않습니다. 아에루는 그런 전통산업 장인들의 솜씨로 0살에서 6세까지의 유아용품을 만들어 새로운 시장을 개척하고 있습니다.

어린 아기들에게 이런 좋은 물건이 필요할까 싶지만, 야지마 사장에 따르면 그 누구보다 아기들이 좋은 물건을 알아본다고 합니다. 실제로 고무로 만든 공보다 일본 전통 종이로 만든 공을 더 좋아하고, 플라스틱으로 만든 젓가락보다 목제 젓가락을 더 선호한다고 합니다. 실제 구입 후기에는 이런 글이 올라와 있습니다. "볼을 아기가 만지기 시작하면 놓으려고 하지 않아 뺏으려 하면 크게 울고 다시 돌려주면 울음을 멈춰서 너무 놀랐다." 뿐만 아니라 아에루의 제품은 안전한 제품인지 확인해야 하는 데서 오는 스트레스가 적다고 합니다. 모든 제품이 천연소재로 만들었기 때문에 유해 성분에 대한 걱정이 적고, 또 인테리어에도 부드럽게 잘 어울려 부모들의 평도 좋습니다.

아에루의 첫 제품인 '출산 축하 세트'는 배냇저고리, 타올, 양말의 3개 제품이 들어있습니다. 도쿠시마 현의 장인이 전통 날염 기법으로 30번 이상 물들이기 작업을 해야 비로소 완성되는 이 세트는 가격이 2만 5천 엔이나 하지만 예약을 하고 한참을 기다려야 제품을 받을 수 있을 정도로 인기가 높습니다.

아에루의 최고 인기 상품은 '엎지르기 어려운 그릇'입니다. 이 제품은 일본 각지의 최고의 도자기와 칠기 장인들이 만든 제품으로 가장 저렴한 것이 3,500엔이지만 이것 역시 예약 주문이 이어지고 있습니다. 이 제품은 그릇 안쪽에 미묘한 굴곡을 만들어 숟가락으로 음식을 뜨면 음식물이 담기기 쉽기 때문에 잘 엎질러지지 않습니다. 손잡이는 없지만 두세 살 난 아이들이 양손으로 들기 쉬운 크기로 표면에 단차를 주어 떨어뜨리는 것을 줄일 수 있습니다.

아에루의 제품은 이처럼 소재는 물론 디자인에서도 아이들이 사용하기 쉬운 기능성을 중시하고 있습니다. 야지마 사장은 자사의 디자인 콘셉트를 "아이들이 사용하면 귀엽고, 어른이 쓰면 멋있는 제품"이라고 설명합니다. 아이부터 어른까지 쓸 수 있는 디자인에 역점을 두고 있습니다. 이러한 디자인의 탁월함이

도쿠시마현 장인의 전통 날염 기법으로 만든 '출산 축하 세트'. 예부터 전해져 오는 선인들의 지혜를 살려 아이의 민감한 피부에 적합한 날염을 실현했다.

교토의 도자기 장인이 만드는 '엎지르기 어려운 그릇'. 아기들이 음식을 흘리지 않고 스스로 떠서 먹을 수 있는 비밀이 그릇의 구조에 담겨있다.

인정되어 '출산 축하 세트'는 2012년에 제6회 키즈디자인상 '심사위원장 특별상'을, '엎지르기 어려운 컵'은 2014년 굿디자인상을 수상했습니다.

2014년에 도쿄, 2015년에 교토에 직영점을 오픈했고, 스스로 구축한 온라인쇼핑몰과 유명 백화점 5곳에서 판매를 하고 있습니다. 많은 바이어로부터 제품 구매 문의가 이어지고 있지만, 일본의 전통과 장인 정신에 대한 야지마 사장의 생각을 이해하고 공감하지 않는 한 대부분 거절하고 있다고 합니다. 기존에 없던 새로운 시장을 개척하며 성장하는 아에루의 미래가 더욱 기대되는 이유는 사업의 목적이 분명해서가 아닐까 싶습니다.

매출 제로에서의 부활

| 기업사례 #2 |

슈즈미니슈

사람은 본능적으로 '둥근 모양'에 안정감을 느낀다.
우리는 셀 수 없을 정도의 실패를 거듭한 끝에 이 모양에 도달했다.
신발을 신어 보면, 딱딱한 아스팔트를 쾌적하게 걸을 수 있는
여러 고민의 흔적을 느낄 수 있을 것이다.

밑창이 나무토막으로 된 일본식 샌들을 '게타'라고 하는데요. 그 게타를 현대적 감각으로 재해석해 만든 신발이 일본의 젊은이들 사이에서 인기입니다. 연간 약 88만 켤레의 제조실적을 기록하며 미국 등 해외시장으로 판로를 확장해 가고 있습니다.

하청 중단, 매출 제로 위기

일찍이 일본 최대 신발생산 거점이었던 오사카 이쿠노 구生野 区에서 1968년 '다카모토 고무공업소'로 창업한 슈즈미니슈는 다른 기업으로부터 하청을 받아 가내수공업 형태로 운영하던 협력업체였습니다. 1990년대 많은 일본의 신발업체가 중국으로 생산 거점을 옮기면서 위탁 수주가 급감했고, 급기야 2001년 슈즈미니슈는 단 한 켤레의 신발도 만들지 못하는 상황에 이릅니다. 이를 계기로 슈즈미니슈는 위탁 생산과 결별하고 자사 브랜드 구축에 나섰습니다. 다른 신발과 차별되는 제품을 고민하던 다카모토 야스오 사장이 일본 전통 신발인 '게타'의 기능성에 주목해, 4년간의 연구 끝에 개발한 것이 바로 '리게타Re:getA'입니다.

진화 ① 전통에서 찾은 기회

'게타를 다시 한번'이라는 의미를 지닌 '리게타'는 언뜻 보면 전체적으로 둥글둥글해서 세련되지 못하고 촌스러워 보이기까지 합니다. 가늘며 우아함이 돋보이는 요즘 신발과는 거리가 있어 보입니다. 야스오 사장은 "바로 거기에 우리 제품만의 고집스러움이 담겨 있다"라고 말합니다. "사람은 본능적으로 '둥근 모

Before

일본식 나막신인 게타를 딱딱한 아스팔트를 걷는 현대인의 발에 맞도록 인간공학에
근거한 기술과 아이디어로 재설계하여 만들어낸 것이 '리게타(Re:getA)'이다.

After

지렛대의 원리를 응용하여 발끝에 힘을 조금만 주어도 쉽게 걸어갈 수 있도록 만든
이른바 '로링컷' 기술. 넓은 면적의 발뒤꿈치부터 부드럽게 착지할 수 있다.

양'에 안정감을 느낀다. 우리는 셀 수 없을 정도의 실패를 거듭한 끝에 이 모양에 도달했다. 신발을 신어 보면, 딱딱한 아스팔트를 쾌적하게 걸을 수 있는 여러 고민의 흔적을 느낄 수 있다"는 것입니다.

바닥 모양이 둥글고 두툼한 것이 특징인 이 신발은 발뒤꿈치부터 착지하기 편하게 만들었기 때문에 리드미컬하게 걸을 수 있다고 합니다. 신발 밑창과 발바닥의 틈을 최대한 없애는 설계로 발바닥으로 전달되는 부담을 균일하게 하는 등 '맨발로 걷는 것과 같은 자연스러움'을 최대한 살린 것이 특징입니다.

진화② **뚝심이 만든 기술력**

야스오 사장이 이런 신발을 개발할 수 있었던 건 그 자신이 신발 만드는 베테랑 숙련공이기 때문입니다. 선대로부터 슈즈미니슈를 이어받기 전까지 도쿄 소재의 신발 전문학교에서 이론적인 기초를 다졌고, 고베神戸로 돌아와 3년간 현장에서 기술을 연마했습니다. 신발에 대한 그의 남다른 열정은 슈즈미니슈가 발행한 『리게타의 모든 것リゲッタの全て』이라는 책에 모두 담겨 있습니다. 71페이지에 달하는 내용의 대부분은 야스오 사장이 손으로 직접 그리고 쓴 일러스트와 문장입니다.

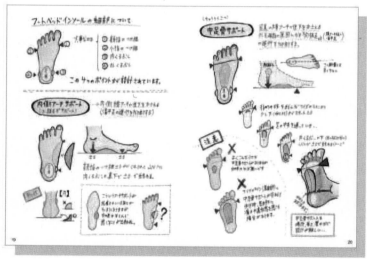

『리게타의 모든 것』 타카모토 야스오 저. 회사의 역사, 제품 개발 과정, 제품의 매력, 앞으로의 전망 등이 모두 타카모토 사장의 손글씨로 기록되어 있다.

여기서 먼저 강조하고 있는 것이 발꿈치의 착지 부분인데, 하이힐과 같이 점이 아니라 면으로 착지하는 구조로 되어 있습니다. 신발은 신다 보면 발꿈치 부분이 달아서 둥글어지는데, 그것이 자연스러운 거라면 처음부터 그런 모양으로 만들면 된다는 발상입니다. 이것을 슈즈미니슈에서는 '라운딩컷'이라고 부릅니다.

그리고 다음으로 강조하는 곳이 발끝 부분입니다. 발가락 끝에 힘을 주는 것만으로 걸음에 도움이 되는 구조로, '로링컷'이라고 합니다. 원래는 다리가 불편한 사람들을 위해 개발한 기술로 흔들의자와 같은 느낌입니다. 뿐만 아니라 사람의 발 크기가 아침저녁으로 변화하는 것을 고려해 크기를 조정할 수 있도록 스트랩이나 벨트, 고무줄 등을 활용해 편의성을 높였습니다.

진화 ③ 기능에 디자인을 입히다

하지만 리게타를 출시한 이후 시장의 반응은 차가웠습니다. 신발의 기능성에 너무 무게를 두고 개발하다 보니 디자인 감각이 떨어진다는 평가를 받았고, 이 때문에 매출이 저조했습니다. '발은 편하겠지만 신기는 싫은 신발', '노인들의 신발'이라는 혹평이 이어졌습니다. 기능과 세련된 디자인을 어떻게 조합할지가 중요한 숙제로 남았습니다. 야스오 사장은 독일산 신발의 기능성과

이탈리아산 신발의 세련된 디자인을 결합해 리게타의 단점을 보완해갔습니다. 아울러 실제 신발을 신어볼 기회가 없는 소비자에게 제품의 우수함을 알리기 위해 자세한 제품 설명이 가능한 카탈로그 통신판매 방식을 도입했습니다. 이후 조금씩 입소문이 나면서 애용자가 늘어나기 시작해 2005년 출시 이후 2018년 8월까지 누적판매 700만 켤레를 돌파했습니다. 2009년 10월 출시한 '리게타 하이웨지 펌프스'라는 제품은 불과 3개월 만에 매진 기록을 세우며 최고의 히트를 기록했습니다.

혼자가 아닌 상생으로

슈즈미니슈의 성공은 쇠퇴하던 신발 생산 집적지 이쿠노 구가 부활하는 데도 큰 힘을 보태고 있습니다.

'리게타'를 만드는 거의 모든 제조공정에 이쿠노의 제화 장인 400여 명의 힘이 투입되고 있습니다. 슈즈미니슈는 상품기획과 제품의 최종 점검 후 출하를 할 뿐 나머지 중간 제조공정은 각업자가 각각의 맡은 공정을 소화하는 방식으로 생산합니다. 이런 방식은 지역 경제에도 도움이 될 뿐 아니라, 슈즈미니슈에게도 큰 장점이 된다고 합니다. 야스오 사장은 "이쿠노의 제화 숙련공들은 작업 속도가 무척 빠릅니다. 재단, 재봉, 압착 등 각 작업을 신속하게 처리하기 때문에 물량을 많이 소화할 수 있습니다. 그래서 국산이면서 비교적 저렴한 가격으로 제공이 가능해지는 것입니다."라고 말합니다.

"언젠가는 나이키, 아디다스와 어깨를 나란히 할 날이 오겠죠. 못할 이유가 어디에도 없으니까요."라고 말하는 야스오 사장. 일본 전통 신발 '게타'가 현대적 감각으로 다시 태어났듯이, 우리 주변에도 누군가가 다시 생명을 불어넣어 주기를 기다리는 잊혀진 아이템이 있지 않을까요? 잠자고 있는 옛 아이디어를 깨워보시기 바랍니다.

젓가락의 세계화

─────┤ 기업사례 #3 ├─────

마루나오

'목수는 익숙해진 도구를 계속해서 사용하지만
대신 한번 사용하고 마음에 안 들면 두 번 다시 사용하지 않는다.
목수들을 사로잡기 위해서는 혼을 담아 만들어야 한다.'
이러한 정신을 잊지 않고 젓가락에 쏟아 붓겠다고 다짐했습니다.

가격이 10만 원이 넘는 젓가락으로 식사를 하면 어떤 기분일까요? 1939년에 창업해서 3대째 사업을 이어가며 직원 20명에 불과한 마루나오가 만드는 젓가락 이야기입니다. 초일류 레스토랑 등에서 주문이 이어지며 젓가락 계의 명품으로 부상하고 있다고 합니다.

일본사람들에게 젓가락은 없어서는 안 될 존재입니다. 그만큼 제품의 품질과 가격도 정말 다양합니다. 마루나오는 대를 이어 보유해 온 정밀 목공기술을 활용해 잡기 편한 형상은 물론 먹기 쉽고 식감을 방해하지 않는 젓가락 끝을 구현해 내고 있습니다. 마루나오가 만든 젓가락은 음식을 집는 끝부분의 굵기가 1.5밀리미터에 불과할 정도로 가늘면서도 튼튼한 것이 특징입니다. 마루나오의 모든 젓가락은 숙련공의 손에서 탄생합니다. 이런 젓가락을 만들 수 있는 숙련공은 극히 드물고, 손이 많이 가는 제품이기 때문에 생산량은 많지 않습니다. 마루나오는 이런 특징을 살려 제한된 곳에서만 판매하는 방식을 택하고 있습니다. 희소성 전략으로 인해 도심의 백화점인 유명 식당 등 최고급 시장을 중심으로 고급 젓가락으로의 브랜드 이미지를 확고히 다지고 있습니다.

이러한 고급 브랜드 이미지는 젓가락에 적용된다고는 상상하기 어려운 판매 후 서비스에서도 드러납니다. 나무로 만들어진 젓가락을 다시 깎는 등의 미세한 조정을 해 줌으로써 일생 동안 사용하는 제품으로 만들어 가고 있습니다. 뿐만 아니라 마루나오는 관광객과 일반 손님을 맞는 '보이는 공장'을 운영하고 있습니

마루나오의 숙련된 장인들은 선천적인 재능과 감성으로 젓가락 끝을 직경 1.5밀리미터 굵기의 팔각형으로 깎아낸다. 입에 닿는 좋은 느낌을 구현하기 위한 마지막 연마 작업은 긴장감 있는 제품을 만들어내는 마루나오의 최대 매력이다.

마루나오는 세계 곳곳에서 젓가락과 숟가락에 적합한 재료를 찾아, 자연건조시킨 감나뭇과의 상록교목인 흑단과 같은 딱딱한 나무를 사용하는데, 특히 흑단은 어느 지역의 어느 섬에서 자랐는지까지 따진다. 왜냐하면 나무는 같은 수종이라도 토양과 풍토에 따라 소성이 달라지기 때문이다.

다. 2차산업을 제조현장의 관광화를 통해 3차산업으로 확장시켰다고 볼 수 있습니다.

진화 ② **대를 이은 기술의 진화**

사실 마루나오가 창업 당시부터 젓가락을 만들었던 것은 아닙니다. 2006년에 3대째 사장에 취임한 후쿠다 다카히로 사장은 마루나오의 가장 내세울 만한 특징으로 목공이라는 본업에 충실하면서도 각 세대마다 새로운 사업분야에 도전한 것이라고 말합니다. 초대 사장은 사찰이나 불단을 장식하는 조각을 만들어 팔았고, 2대 사장은 목공업에 쓰이는 도구를 취급했습니다. 젓가락을 만들기 시작한 것은 3대째부터입니다. 이렇게 3대가 이어지는 동안 제품은 변했지만 사실 정밀한 목공기술을 바탕에 두고 있다는 사실은 변한 게 없습니다. 핵심기술을 선대로부터 이어받아 각 세대가 새로운 분야를 개척했다고 볼 수 있습니다. 2대 사장 시절이나 지금 3대 사장 시절 모두 초대 사장 시절 닦아 놓은 목공기술이 없었으면 불가능했던 일입니다.

진화 ③ 굴러온 돌로 박힌 돌을 지키다

3대 사장인 다카히로 씨가 가업에 합류한 것은 2000년경입니다. 당시에는 매출의 99퍼센트를 목공 도구가 차지하고 있었습니다. 하지만 이미 일본에서는 목조주택 수요가 감소하며 관련한 산업이 쇠퇴하고 있던 상황이었습니다. 이때 다카히로 사장이 꺼내든 새로운 사업분야가 젓가락이었습니다. 다카히로 사장은 "목수는 익숙해진 도구를 계속해서 사용하지만 그 대신 한번 사용하고 마음에 안 들면 두 번 다시 사용하지 않는다. 목수들을 사로잡기 위해서는 혼을 담아 만들어야 한다. 이러한 정신을 잊지 않고 젓가락에 쏟아 붓겠다고 다짐했습니다."라고 당시의 결심을 회고합니다. 목공 도구 기술을 바탕으로 시작한 젓가락 제조 사업은 이제 매출의 약 70퍼센트를 차지할 정도로 비중이 커졌습니다. 뿐만 아니라 2대째부터 사업모델이었던 목공 도구 제조를 계속할 수 있는 힘이 되어주고 있습니다. 핵심기술을 그대로 살릴 수 있는 방향으로 새로운 분야를 개척하면서 지금까지 쌓아온 목공 도구 제조사라는 전통적인 지위도 지킬 수 있었던 것입니다.

진화 ④ 글로벌 시장으로의 도전

의외일지 모르지만 마루나오의 또 다른 성장 비결은 글로벌 시장으로의 확대에서 찾을 수 있습니다. 전체 매출에서 차지하는 해외의 비중은 불과 5퍼센트밖에 되지 않지만, 일본요리의 확산에 맞춰 해외로 진출한 일본인 요리사를 통해 자사의 젓가락을 해외에 알리고 있습니다. 특히 일본식 요리와 식재료가 유사한 프랑스 요리에 끝이 가늘고 식감을 헤치지 않는 일본의 젓가락이 적합하다고 여겨지면서 프랑스 요리점을 중심으로 고급 젓가락의 시장확대가 기대되고 있는 상황입니다. 뿐만 아니라 작지만 해외시장에서 인정을 받은 사실이 일본 국내로 알려지면서 국내시장이 한층 더 확대되는 효과도 생겼습니다. 언젠가는 도쿄에 이어 뉴욕이나 파리에 직영매장을 열고 싶다고 말하는 다카히로 사장. 그는 "이 세상에는 일생 동안 단 한 번도 젓가락을 사용하지 않은 나라의 사람들도 있지만, 각각의 요리에 맞는 도구를 만들어 세계와도 소통하고 싶다"라고 말합니다.

핵심역량을 3대째 유지하며 제품과 시장을 모두 확대시키는 사업다각화를 실현한 마루나오. 이 회사가 꿈꾸는 '젓가락의 세계화'가 허황된 울림으로 들리지 않는 이유가 여기에 있습니다.

모방할 수 있다면
기술이 아니다

니시무라 프레시즌

고령화로 돋보기에 대한 수요는 늘어날 것 같은데 시장은 커지지 않았다. 돋보기는 가지고 다니거나 자주 쓰고 벗어야 하는데, 그러한 고객의 니즈가 반영된 상품이 없었기 때문이라고 생각했다. '사바에의 정밀가공 기술을 이용하면 뭔가 새로운 것을 만들어 낼 수 있지 않을까?' 하는 아이디어가 떠올랐다.

일본 후쿠이福井현의 사바에鯖江시는 한때 일본에서 만들어지는 안경의 약 80퍼센트 이상을 생산할 정도로 거대 산업지역이었습니다. 하지만 버블붕괴 이후 저렴한 외국산 안경에 밀려 하나둘씩 도산하는 기업이 늘면서 지금은 안경을 제조하는 기업이 절반가량으로 줄었습니다. 침체의 그늘에 빠져있던 이곳에 다시 활기를 불어넣고 있는 기업이 바로 니시무라 프레시즌입니다. 쇠퇴하던 사바에 시를 다시금 안경의 메카로 되돌리고 있습니다.

진화 ①　기술력보다 고객의 니즈

니시무라 프레시즌의 성공에 가장 큰 역할을 한 것은 바로 새로 개발한 '페이퍼글래스'입니다. 돋보기안경으로, 접으면 그 두께가 2밀리미터에 불과한 것이 특징입니다. 15만 엔이라는 고가에도 불구하고 2012년 발매 이후 누적판매량 3만 개를 기록하며 지금도 여전히 주문이 쇄도한다고 합니다. 사실 돋보기는 디자인이나 기능이 그다지 중요하다고 여겨지지 않기 때문에 일본에서는 다이소 같은 100엔숍에서도 팔고 있는 저가형 생산품입니다. 이런 시장에서 니시무라 프레시즌은 어떻게 고가의 돋보기를 선보일 생각을 할 수 있었을까요?

'페이퍼글래스'를 개발한 주인공은 2대 사장인 니시무라입니다. 그가 가업을 이어받을 당시 회사 상황은 좋지 않았습니다. 안경 부품을 주로 생산해온 탓에 주변 제조 기업들의 줄이은 도산이 그 누구보다 큰 위기로 다가왔습니다. 경영 재건을 위해 니시무라 사장이 주목한 것은 바로 빠른 속도로 진행되던 일본의 '고령화'였습니다. 일본의 고령화가 급속도로 진행되고 있다는 것은 많이 알려진 사실입니다. 니시무라 사장은 "고령화로 돋보기에 대한 수요는 늘어날 것 같은데 시장은 커지지 않았다. 돋보기는 가지고 다니거나 자주 쓰고 벗어야 하는데, 그러한 고객의 니즈가 반영된 상품이 없었기 때문이라고 생각했다. '사바에의 정밀 가공기술을 이용하면 뭔가 새로운 것을 만들 수 있지 않을까' 하는 아이디어가 떠올랐다"라고 말하는데요.

그는 이 아이디어를 실현하기 위해 사바에에 위치한 관련 회사들을 찾아가 힘을 모으기 시작했습니다. 그리고 10개의 기술력을 집약시켜 마침내 책갈피 대신 꽂아두거나, 가슴 위치의 주머니는 물론 장지갑에도 넣을 수 있는 페이퍼글래스를 탄생시켰습니다.

진화 ② **말보다 실적**

그러나 '페이퍼글래스' 사업은 결코 순탄하지 않았습니다. 개발에는 성공했지만, 개발과정을 함께한 기업들 대부분이 "고가의 돋보기를 만들어도 팔릴 리가 없다"라며 생산과 판매를 꺼렸기 때문이었습니다. 불안해하는 그들을 설득하기 위해 니시무라 사장은 홀로 판매를 시작합니다. 말로만 설득하기보다는 작더라도 일단 결과를 만들어 내어 서서히 주변 기업들을 끌어들이겠다

'페이퍼 글라스'는 접으면 얇게 평평해지기 때문에 지갑이나 옷 주머니는 물론 서표 대신으로도 쓸 수 있을 만큼의 얇은 두께를 자랑한다. 일본에서 안경의 성지로 불리는 사바에(鯖江)시의 기술력을 활용하여 특허 구조로 되어 있고, '종이처럼 얇다'라는 의미에서 붙여진 이름이다.

는 전략이었습니다. 그는 후쿠이 역 주변을 시작으로 도쿄의 최고급 호텔인 데이코쿠호텔에 직영점을 오픈하고 착실히 실적을 쌓아갔습니다. 미디어 광고는 물론이고 전시회와 콘테스트에도 적극적으로 참가해 2013년에는 굿디자인 상을 수상하기도 했습니다. 이후 서서히 입소문을 타면서 주문량이 늘어나자, 페이퍼글래스의 가능성을 확인한 주변 기업들이 합류하기 시작했고, 이제는 사바에 시의 안경 제조산업을 부활시킬 주력 제품으로 인정받고 있습니다.

진화 ③ 때로는 과감하게

니시무라 사장이 경영재건을 위해 바꾼 것은 돋보기만이 아닙니다. 그는 설비를 인터넷에 공개하자는 제안을 했습니다. 자사가 보유한 선반기기 등의 설비로 가공기업이 만들 수 있는 제품을 공개해서 안경 업계 이외의 업계로부터 주문을 받고자 하는 시도였습니다.

그러나 이 제안은 선대 사장은 물론 고위 직원들로부터 강한 반대에 부딪히게 됩니다. 설비는 회사의 기밀정보이고 알려지면 도용할 수 있으니 감춰야 한다는 거였습니다. 당시 일본 제조업은 비밀주의가 팽배해 공장 설비를 공개하는 회사는 거의 찾아

볼 수 없었습니다. 특히 지방의 중소기업들은 해당 지역과 업계에 갇혀 지내는 경향이 강하기 때문에 관련 정보가 외부와 차단된 경우가 많습니다. 즉 '정보의 비대칭'이 발생하기 쉬운 구조라고 할 수 있습니다.

니시무라 사장은 "보고 모방할 수 있는 기술은 진정한 기술이 아니다. 중요한 것은 암묵지暗默知*로서, 회사 고유의 노하우이고 그것은 결코 웹상에 노출되지 않는다. 고객 입장에서 생각했을 때, 회사가 무슨 설비를 갖추고 있고, 무엇을 할 수 있는지 모른다면 상담조차 제안할 수 없을 것이다"라고 설득에 나섰습니다. 결국 동의를 얻어낸 니시무라 사장은 설비와 기술을 홈페이지에 대량으로 공개하고 검색사이트의 상단에 위치하도록 전략을 수정했습니다. 그 결과 전기전자 및 자동차업체로부터의 제조의뢰가 증가하면서 기존에는 안경 부품이 전체 매출에서 차지하던 비율이 90퍼센트에 달했으나, 지금은 안경 이외의 매출 비율이 전체의 약 80퍼센트를 차지하는 형태로 바뀌었습니다.

"앞으로는 '사바에'라는 브랜드에 기대어 하청에 만족해서는 안 된다. 스위스의 시계처럼 성장하기 위해서는 사바에에서도 독

---

* 학습과 경험을 통하여 습득함으로써 개인에게 체화體化되어 있지만 언어나 문자로 표현하기 어려워 겉으로 드러나지 않는 지식.

자적인 안경 브랜드가 여러 개 만들어져야 한다"라고 말하는 니시무라 사장. 니시무라의 도전이 '페이퍼글래스'의 성공에서 멈추지 않고, 안경의 도시 '사바에'의 부활로 이어질 수 있을지 기대해도 좋을 것 같습니다.

료칸의 변신은 무죄

| 기업사례 #5 |

오무라야

'우레시노'라는 지역이 있기 때문에
우리가 장사를 할 수 있다는 것을 잊어서는 안 된다고 생각한다.

오무라야는 쇠퇴해가던 온천마을을 되살리고 있는 기업으로 주
목받고 있습니다. 사가佐賀 현에 위치한 우레시노嬉野 온천은 일본
의 숨은 온천 명소로 알려져 있지만, 단체 여행객이 줄어들면서
80곳이 넘던 료칸旅館이 33개까지 줄어든 지역입니다. 쇠퇴하던
이 온천마을에 새바람을 불어넣은 것은 이곳의 오래된 료칸, 오

무라야의 기타가와 사장입니다. 1830년에 창업한 오무라야를 이어받은 기타가와 사장은 지난 10년 동안의 개혁으로 매출을 1.7배로 끌어올리고, 적자를 기록하던 경상이익률*도 15퍼센트 흑자 상태로 바꿔놓았습니다. 이 회사의 어떤 진화가 이를 가능케 했을까요?

진화 ① 업계의 상식을 뒤집다

오무라야가 여행객 감소라는 위기를 극복할 수 있었던 가장 큰 비결로 오랫동안 료칸 업계가 얽매여 있었던 각종 상식을 뒤집고 실행에 옮긴 것을 꼽을 수 있습니다. 료칸을 물려받은 후, 자금난에 허덕이던 처음 4년 동안 기타가와 사장에게는 이익률을 올리는 것이 최대 과제였습니다. 그는 전통 료칸에서는 찾아볼 수 없었던 '식사는 하지 않고 잠만 자는 숙박'과 '1인 숙박'을 도입해 이 문제를 풀고자 했습니다.

기타가와 사장이 이런 아이디어를 낸 데는 패키지 여행상품으로 인해 불투명해진 수익구조를 개선하기 위해서였습니다. 사실 우레시노 온천마을을 찾는 관광객의 대부분은 여행사의 패키

• 경상이익을 매출액으로 나눈 것으로 기업의 수익성을 나타내는 대표적인 지표.

지여행 상품을 구입한 경우가 대부분이었습니다. 이 패키지여행들은 대부분 도쿄나 오사카 같은 대도시에서 출발하는 투어 상품입니다. 이들 지역에서 우레시노 온천이 있는 규슈九州까지는 거리가 멀어 교통비가 많이 들기 때문에, 여행사들은 대부분 료칸의 단가를 낮춰 투어 요금을 맞추고 있었습니다. 게다가 료칸의 회계도 식사, 숙박료, 청소비 등 모두를 합산해서 정산이 이루어졌기 때문에 어느 부분에서 이익이 나고 있는지 알 수 없는 상황이었습니다. 그래서 기타가와 사장은 부문별 회계를 도입하고, 저녁식사가 없는 숙박 상품을 만드는 등 이용자의 수요에 맞게 유연한 요금체계를 만들었습니다.

고액을 지출하여 여행잡지에 광고를 게재하는 횟수도 대폭 줄였습니다. 대신 자사 사이트를 통한 예약률을 30~40퍼센트까지 끌어올렸습니다. 실제로 기타가와 사장이 가업으로 돌아온 지난 10년 동안 객단가는 1만 엔에서 1만 7천 엔으로, 숙실 가동률도 42퍼센트에서 79퍼센트로 향상되었습니다.

진화② 신구의 조화가 만든 시너지

기타가와 사장은 이렇게 발생한 이익을 객실 리모델링에 활용했습니다. 200년 가까운 세월이 담긴 외관은 그대로 유지해 오무라야의 오랜 전통을 강조하면서도 실내로 들어서면 최고의 편안함을 느낄 수 있도록 만들었습니다. 최고의 오디오 설비가 갖춰진 라운지와 당대 최고의 여성 건축가가 설계했다는 객실은 세련됨이 돋보입니다. 온천탕에서 나오면 푹신한 소파에 앉아 잔잔한 음악을 들으며 책을 읽을 수 있는 공간이 마련되어 있고, 그 옆에는 이 지역 특산물인 차를 즐길 수 있는 카운터도 있습니다. 기타가와 사장은 "오무라야를 찾은 분들에게 마치 '집에 돌아왔다'고 느낄 수 있는 공간을 만들고 싶었다"라고 말합니다. 리모델링 후 새로워진 객실의 매력이 SNS를 통해 알려지면서 고객이 늘어나는 선순환 구조가 만들어지고 있습니다.

진화 ③ 업종의 경계를 넘는 '재편집'

오무라야의 진화는 여기서 끝나지 않았습니다. 료칸의 수익이 어느 정도 안정화되자 기타가와 사장은 주변의 상인들과 함께 우레시노 온천의 가치를 높이기 위한 행동에 나섰습니다. 그는 "우레시노를 발전시키고 싶었다. 돌아가신 숙모가 "결코 최고가 되려고 하지 말 것, 최고는 우레시노라는 마을"이라고 말씀하셨던 것을 기억하고 있다. 무엇보다 우레시노라는 지역이 있기 때문에 우리가 장사를 할 수 있다는 것을 잊어서는 안 된다고 생각

이 온천은 온천욕을 마친 후 음악과 책을 즐길 수 있는 공간을 마련해 놓았다. 아날로그 감성의 LP판 음악을 감상할 수 있고, 비정기적으로 라이브 연주도 진행한다. 또한 라운지 옆 독서 공간에서 책을 읽을 수 있는 시간을 보낼 수 있는데, 진열된 책은 지역 주민들의 협력을 얻어 엄선한 것이다.

한다"라며 그 이유를 설명합니다.

기타가와 사장은 우선 주변의 젊은 료칸 경영자들과 함께 블로그를 쓰는 방법과 사이트의 효율적인 운영방법 등을 공부하는 모임을 조직했습니다. 이 모임에서는 마을 단위로 할 수 있는 다양한 행사를 기획해서 진행하고 있습니다. 실제로 '슬리퍼 온천 탁구대회', '전국 스낵 서밋', '마사지 페스티벌' 등 아이디어가 돋보이는 행사를 개최해 대중들에게 좋은 평가를 얻었습니다.

오무라야는 여기서 멈추지 않고 우레시노의 3대 전통문화로 불리는 차, 온천, 도자기를 연계하는 프로젝트도 시작했습니다. '티 투어리즘Tea Tourism'이라 불리는 이 프로젝트는 숲속 다실과 야외 다실, 찻잎 따는 체험, 마을을 걸어 다니며 차를 마실 수 있는 보차步茶 등으로 구성된, 업종을 초월해 지역 모두가 함께 참여하는 프로젝트입니다. 기타가와 사장은 "지금까지 이 지역에서 차를 재배하는 농가와 료칸과는 아무런 연계가 없었지만, 20년 넘는 불경기가 이어지면서 모두 위기감을 느끼기 시작했다. 함께 하지 않으면 위기를 이겨낼 수 없다고 생각했다"라고 말합니다. 원래부터 가지고 있던 지역 고유의 가치를 업종을 뛰어넘어 '재편집'함으로써 새로운 가치를 탄생시키고 있는 것으로 보입니다.

"오무라야와 우레시노는 우리다운 것을 표현하는 장소이다.

우리가 선사할 수 있는 행복은 규모가 크진 않지만, 진심으로 공감해 줄 수 있는 분이 찾아 그 가치를 알아봐 주신다면 그걸로 만족한다"라고 말하는 기타가와 사장. 위기 속에서 혼자 살아남기위해 발버둥치는 것이 아니라, 자신이 뿌리내린 성공의 씨앗을지역과 나누고 함께 키워가고 있기에 그가 맺은 결실이 더 빛나는 것 아닐까요?

두부에 가치를 담는다

오토후 공방 이시카와

"어제의 자연이 오늘의 정성과 만나 내일의 두부가 된다."

동네 골목에서 두부를 팔던 작은 가게에서 시작해 지금은 종업원 520명의 연 매출 50억 엔을 올리고 있는 기업으로 탈바꿈한 것이 '오토후 공방 이시카와'입니다. 하루 2만 모가 팔리는 히트상품을 기반으로 지난 25년 동안 지속해서 매출과 수익을 늘려오고 있습니다. 전통적인 두부 제조방법을 복원해서 사세를 확장하고, 오로지 두부만을 이용한 사업다각화로 가업에서 기업으로 변모했습니다.

위기의 두부가게

현재 4대 사장 이시카와 노부루씨가 경영하고 있는 오토후 공방 이시카와는 원래 가족경영을 하던 작은 두부가게였습니다. 대학을 졸업한 후 가업을 물려받은 노부루 사장은 '일본 최고의 두부 업체가 되겠다.'는 포부를 안고, 당시 연 매출의 두 배에 가까운 5천만 엔을 투자해 설비를 갖춥니다. 하지만 판로 확보는 쉽지 않았습니다. 슈퍼마켓 판로는 이미 대기업 제품이 자리 잡고 있었기 때문입니다. 결국 회사는 노부루씨가 가업을 이어받은 지 1년이 지나도록 매출 증가는커녕 투자금 회수조차 힘든 상황이 되고 맙니다.

진화 ① 기본으로 돌아가라

그러던 노부루 사장에게 재기의 기회는 의외의 순간에 찾아왔습니다. 친구의 아내가 한 모에 200엔이나 하는 두부를 주문해서 배달해 먹고 있다는 사실을 알게 된 것입니다. 그 두부는 일명

'자연식', 바로 100퍼센트 국산 콩을 이용하고 간수(염화마그네슘)로 만드는 전통식 두부였습니다. 우리나라와 마찬가지로 일본에서도 두부를 만들 때 간수를 사용했었습니다. 그러다 전쟁 중에 듀랄루민duralumin(비행기 등에 널리 쓰이는 알루미늄 합금)의 원료가 되는 간수가 군수물자로 차출되면서, 구하기 어려워진 간수를 대신해 유산칼슘(젖산칼슘)이 주로 사용되었습니다. 유산칼슘은 간수에 비해 저렴하고 손쉽게 두부를 만들 수 있지만 맛이 떨어진다는 단점이 있었습니다. 노부루 사장은 이 부분에서 기회를 발견합니다. 맛있고 안전한 옛날식 두부를 복원한다면, 충분히 사업 가능성이 있다고 생각한 것입니다.

진화 ② 시장은 만들어 내는 것

하지만 단순히 전통 두부의 맛을 복원하는 것만으로는 부족했습니다. 당시 일본은 불황의 한가운데 놓여 있었고, 식품 안전에 대한 의식이 지금처럼 높았다고 볼 수 없는 시기였습니다. 아무리 좋은 재료로 맛있게 만들어도 비싸면 팔리지 않을 것이 뻔했습니다. 노부루 사장은 이 문제의 해결책을 '아이들'에게서 찾았습니다. 한 고객으로부터 "우리 집 아이는 두부를 안 먹는다"라는 말을 들은 그는 그 이유가 두부 특유의 냄새 때문이라는 것을 알아냈습니다. 이윽고 그는 아이들도 즐겨 먹을 수 있는 두부라면, 가격이 비싸더라도 팔릴 것이라는 생각에 이르렀습니다.

이를 위해 노부루 사장은 '아이들에게 안심하고 먹일 수 있는 두부'를 회사의 핵심 가치관으로 내걸고, 모든 전략을 집중시켜 나갔습니다. 그리고 다양한 연구를 거듭한 끝에 올리고당에 두부 특유의 냄새를 막아주는 효과가 있다는 것을 알게 되었습니다. 이렇게 해서 탄생한 제품이 바로 '궁극의 기누究極のきぬ'와 '지고의 모멘至高のもめん'입니다. 올리고당과 대두에서 추출한 기름을 첨가해 냄새는 약화시키고 두부의 고소함과 부드러움을 극대화한 제품으로 아이들은 물론 노인들의 건강식으로도 인기를 끌면서 회사를 대표하는 명품 두부로 자리 잡았습니다.

새로운 시장을 찾아내는 노루부 사장의 이런 능력은 두부를 만들고 버려지는 비지도 재탄생시켰습니다. 바로 비지로 만든 과자 '기라즈 아게'입니다. 이 제품 역시 한 고객이 푸념처럼 털어놓은 말이 개발의 계기가 되었습니다. "요즘은 말랑말랑한 과자들만 많아서 아이의 잇몸을 튼튼하게 만들어 줄 딱딱하고 맛있는 과자가 없다"는 말이었습니다. 비지를 사용해 아이용으로 개발된 '기즈라 아게'는 대상이 어른으로까지 확대되며 대히트 상품이 되었습니다. 제품을 찾는 고객의 요청으로 통신판매를 시작했을 정도입니다. 회사 입장에서도 버리는 비지를 활용해 부가가치

두부 특유의 냄새를 없게 어린이들도 쉽게 먹을 수 있도록 만든 제품. 올리고당과 유지를 첨가한 독자적인 기술로 응고하는 방법을 고안해 냈다.

어린이 치아 건강을 위해 개발된 제품이다. 그래서 다소 딱딱하지만 국산 두부의 비지와 국산 밀가루와 함께 채종유로 튀겨내어 향도 뛰어나다는 평가를 받는다.

를 만들어 냈다는 점에서 큰 이득이 되고 있습니다.

이시카와는 신상품의 연이은 성공에 힘입어 순조롭게 매장이 늘어나면서 빠른 속도로 성장해 나갔습니다. 일본 정부의 농업정책으로 국내산 대두 생산량이 늘어나 가격 하락을 계기로 대두의 전량 국산화를 실현할 수 있었고, 때마침 건강 붐이 일어 두유 제품의 생산도 시작했습니다. 동네의 작은 두부가게가 어엿한 두부제조기업으로 변신한 것입니다. 노부루 사장은 말합니다. "식품업체의 경우로 제한해서 말하자면, 사장 혼자라면 연 매출 1억 엔이, 가족경영이면 3억 엔이 한계다. 그 이상이 되려면 각 계층의 직능과 전문적 지식이 필요하고, 책임을 명확히 하는 통제가 마련되어야 한다. 여기에 사회적으로 가치가 있는 기업이 된다면, 매출 30억 엔도 바라볼 수 있다. 이시카와는 바로 그 지점에 서 있다"라고 말입니다.

그의 말처럼 이시카와는 기업의 사회적 가치 창출을 통해 또한 번의 도약을 준비하고 있습니다. 콩을 통해 어린이의 영양 공급을 지원하는 '대두 키즈'를 설립했고, 장애우를 지원하는 데도 힘을 쏟고 있습니다. 지역 내 양호학교의 장애 어린이가 그린 디자인을 포장지와 용기에 이용하고 그 매출의 일부를 환원하고 있습니다.

혹자는 두부를 두고, "어제의 자연이 오늘의 정성과 만나 내일의 두부가 된다"라고 말합니다. 그만큼 정성이 많이 들어가는 음식이라는 말입니다. 노부루 사장이 성공할 수 있었던 것은 편리함 속에 사라졌던 그 자연과 정성을 다시 두부에 담아냈기 때문이 아닐까 싶습니다. 내일의 두부에 다시 미래의 가치를 담아가고 있는 이시카와의 노력이 또 어떤 진화를 이뤄낼지 기대가 됩니다.

마르지 않는 만년필

플래티넘 만년필 주식회사

쓰고 버리는 것이 아니라 펜촉의 조정 등 반영구적으로
업체에서 판매 후 서비스가 이어지면
만년필 고유의 특성이 귀중하고 방대한 고객 데이터가 될 수 있다.

요즘 주변에서 만년필을 쓰는 사람을 보기 힘들어졌습니다. 그럼
에도 불구하고 일본에는 1919년부터 만년필을 만들기 시작해서
승승장구하고 있는 기업이 있습니다. 바로 플래티넘 만년필 주식
회사입니다. 가파른 성장 뒤에 찾아온 길었던 사양의 시대를 어
떻게 극복하고 새롭게 부상할 수 있었을까요?

진화 ① **일단 한번 써보시라니까요**

1919년 플래티넘이 창업할 당시만 해도 일본에는 다양한 만년필이 판매되고 있었습니다. 만년필을 수입 판매하는 대기업과 국산화에 성공한 일부 업체가 시장을 선점하고 있었습니다. 창업자 나카다 신이치中田俊一는 당시 '고급 제품으로 시장을 선점한다'라는 목표를 세우고 품질향상에 전념하면서, 관공서에 안내장과 함께 여러 자루의 만년필을 무료로 보내는 파격적인 영업을 전개했습니다. 만년필이 고급 필기구로 여겨지던 때인 만큼, 반응은 폭발적이었습니다. 플래티넘은 창업한 지 불과 10년여가 지난 1930년대 초에 이미 일본의 주요 유통 전문점과 백화점을 장악했고, 싱가포르, 홍콩, 방콕 등 해외 진출에도 성공하여 사업을 궤도에 올려놓을 수 있었습니다.

진화 ② **전쟁으로 얻어진 기회**

1945년에 끝난 제2차 세계대전의 여파도 플래티넘이 성장하는 데 기폭제가 되었습니다. 전쟁 이후에도 설비가 온전히 남아있는 일본 내 유일한 만년필 제조사였던 겁니다. 플래티넘은 1952년 영국제 자동기기를 도입하고, 펜 끝에서 잉크가 흘러내리는 것을 방지하는 자동조정 펜심을 발명합니다. 그리고 1957년에는 세계 최초로 잉크 카트리지 형식의 '프라치나 오네스트 60'를 개발해서 '잉크병이여 안녕!'이라는 캠페인을 전개했습니다. 이 무렵부터 펜촉도 자동화 기기로 만들게 됩니다. 이러한 성장에 힘입어 1963년에는 직원수가 1,400명에 이르렀습니다.

볼펜의 등장과 만년필의 위기

그러나 좋았던 시절은 여기까지였습니다. 1940년대 중반 무렵 등장한 볼펜이 편리성을 갖춘 데다 대량생산이 가능해 점차 저렴하고 실용적인 필기구로 인기를 끌게 되면서 만년필 시장을 단숨에 빼앗았고, 1970년대에는 필기구 시장 점유율을 완전히 역전하게 되었습니다. 당시 일본 만년필 대기업이었던 페리칸 만년필조차 1960년대 중반에는 생산이 일시적으로 중단되었고, 1980년대에는 최고의 브랜드였던 몽블랑마저 매수되었습니다. 이 침체기에 만년필은 선물용 수요와 일부 마니아를 위한 기호품으로 겨우 생명력을 유지할 수 있었죠.

그대로 끝날 것 같았던 만년필 수요의 흐름이 바뀌기 시작한 것은 2000년대에 들어서면서부터입니다. 기업들이 비용 절감의 일환으로 직원들에게 제공하던 비품 공급을 중단하면서 문구 붐이 시작된 겁니다. 2대 사장이었던 나카다 도시히로中田俊弘는 이 흐름 속에서 기회를 포착합니다. '품질이 좋고, 오래 사용할 수 있으면서 가격이 저렴한 만년필'이라면 문구 붐에 따른 직장인 소비자를 공략할 수 있을 거라고 생각한 것이었습니다. 그렇게 해서 탄생한 것이 바로 '프레피preppy'라는 제품입니다. 만년필 뚜껑 안에 있는 속 뚜껑을 스프링으로 들어 올려 외부로부터의 공기를 최대한 차단한 제품으로, 잉크가 잘 마르지 않아 오래 쓸 수 있게 했습니다. 210엔이라는 저렴한 가격에 출시된 프레피는 청년층에 어필하면서 시장 활성화에 성공하게 됩니다.

뒤를 이어 2009년 3대 사장에 부임한 나카다 도시야中田俊也는 전 세계 4만 건에 달하는 고객의 필기 데이터를 근거로 펜촉의 설계를 하는 등, 제품 개발단계부터 모든 부품과 공장 생산라인까지 쇄신한 새로운 만년필을 개발했습니다. 만년필 잉크의 건조를 억제하는 '슬립 실Slip seal 기구'를 나사 형태의 뚜껑에 탑재하는 플래티넘만의 제작 방식이 바로 이때 탄생했습니다. 이 기

발매 후 10년 만인 2017년 누적 판매 1,000만 개를 달성한 프레피(Preppy) 만년필. 카트리지를 교체해서 잉크색을 바꿀 수 있다. 반짝반짝하게 연마한 스테인리스 재질로 마모에 강한 특수 합성소재로 펜촉을 만들었다. 뚜껑을 닫은 상태에서 1년 동안 사용하지 않아도 잉크가 마르지 않는 '슬립 실(Slip seal)' 기능이 탑재되어 있다.

술로 만든 플래티넘의 만년필은 잉크 안의 수분 증발이 기존 제품보다 훨씬 적어서, 잉크 막힘으로 인한 고장이 적을 뿐 아니라 지금까지 사용이 어려웠던 안료 잉크도 사용이 가능합니다.

플래티넘의 혁신에서 시작된 저가 만년필 시장은 고가에서 저가로, 중장년층에서 청년층으로 수요의 흐름을 바꿔놓으며 사양화되던 만년필 산업을 다시 일으키고 있습니다. 다양한 색상의 만년필을 여러 개 구입하는 것이 젊은 여성들 사이에 유행처럼 퍼지면서 백화점의 문구 코너와 만년필 전문점에도 점점 손님이 늘어나고 있다고 합니다. 플래티넘의 만년필 판매량은 최근 10년 사이 두 배 가량 늘었습니다.

하지만 플래티넘은 여전히 긴장의 끈을 놓지 않고 있습니다. 나카다 사장은 "저가 제품으로 시장이 확대되는 것은 반길 일이고 필요한 일이다. 그렇지만 210엔의 만년필을 구매한 사람이 다음에 1만 엔의 만년필을 산다는 보증이 없고, 또다시 플래티넘을 선택해줄지 장담할 수 없다"라고 말합니다. 사실 지난 20년간 일본 산업계의 빠른 변화를 살펴보면, 가전, 카메라, 오디오 등의 분야에서 저렴한 가격과 양질의 제품을 내세우던 업체 여럿이 시장에서 도태되었습니다. 좋은 물건이 반드시 팔린다고 할 수 없고, 양심적인 가격설정도 수익을 보장할 수 없다면 기업의 존속은 불가능합니다.

이에 나카다 사장은 "쓰고 버리는 것이 아니라 펜촉의 조정 등 반영구적으로 업체에서 판매 후 서비스가 이어지면 만년필 고유의 특성이 귀중하고 방대한 고객 데이터가 될 수 있다"면서 이것이 플래티넘이 준비하는 미래라고 말합니다. AI 등의 기술 진보에 발맞춰 사용자 개개인의 취향과 고유의 필기습관에 맞는 맞춤형 만년필 시대를 준비하겠다는 것으로 보입니다.

작은 만년필 한 자루에도 시대의 변화와 기술 발전을 모두 담아낼 수 있다는 것을 플래티넘의 진화가 보여주는 것 같습니다.

직원의 심장을 뛰게 하라

—| 기업사례 #8 |—

힐톱 HILLTOP

이참에 조직 그 자체를 없애버리는 것은 어떨까 생각했다.
위에서 내려오는 업무를 없애서,
모두 하고 싶은 일을 할 수 있도록 만들고 싶었다.

1961년 종업원 3명의 동네 철공소로 시작해서 지금은 NASA, 우버 등과 거래하는 일본을 대표하는 시제품 제조업체로 성장한 기업이 있습니다. 바로 힐톱이라는 회사입니다. 다품종소량생산의 알루미늄 절삭가공 기업으로 한 달에 생산하는 시제품이 3,000종이 넘습니다. 취급하는 품목도 화성 탐사기, 의료기기 등과 같은 정밀기계에서부터 아티스트가 사용하는 마이크 스탠드에 이르기까지 다양한 제품을 넘나들고 있습니다.

진화 ① 작업환경부터 바꿔라

첫 번째 진화는 30년 전으로 거슬러 올라갑니다. 당시 힐톱은 자동차제조업체의 2차 벤더로 냉난방 시설조차 갖추지 못한 동네에서 흔히 볼 수 있는 오래된 철공소에 불과했습니다. 창업자의 차남으로 현재 부사장인 야마모토 쇼사쿠山本昌作는 당시의 문제를 이렇게 이야기합니다. "매년 5퍼센트의 납품단가 인하를 요구받아 경영이 어려웠고, 가족 모두가 동원되어 심야작업을 계속했지만 상황은 나아지지 않는 악순환이 이어졌다." 야마모토는 기름 범벅이 되어 일을 하는 아버지의 모습을 보며 '이건 사람이 일하는 올바른 방법이 아니다'라는 의문을 가지게 되었다고 합니다.

'반복되는 고된 작업에 쫓겨 피폐해져 가는 것이 아니라 인간 본래의 일하는 보람을 되돌리고 싶고, 모두가 활기차고 즐겁게 일을 하는 회사로 만들고 싶다'는 생각으로 단행한 개혁은 파격적이고 대담했습니다. 수주 물량의 80퍼센트를 잘라내고 사업 내용을 시제품 제조, 즉 다품종소량생산으로 완전히 전환하는 것이었는데요, 이를 위해 식비를 줄여가며 3년간 악전고투를 견뎌 내야 했습니다.

이어서 야마모토는 온라인 시스템 도입을 추진합니다. 먼저 숙련공의 기능을 수치화, 데이터베이스화해서 프로그램을 만들었습니다. 그리고 임대해서 쓰던 기계를 모두 돌려보내고 대신에 최신의 NC선반을 설치했습니다. 컴퓨터와 연결해 작업을 자동으로 수행하는 시스템도 만들었습니다. 'HILLTOP System'이라 불리는 제어프로그램이 바로 그것입니다. 지금은 인공지능AI과 로봇을 이용한 한층 더 강화된 혁신을 거쳐 365일 24시간 가동하는 무인공장으로 운영되고 있습니다.

진화② 리더십의 공유

또 다른 성공비결은 리더십의 공유입니다. 힐톱은 특정 누군가가 리더가 되는 것이 아니라 조직 구성원 전원이 각각의 비전을 가지고 자율적으로 행동하며 서로에게 영향을 주고받는 구조를 지향하고 있습니다. 이를 위해 회사 부서를 모두 폐지해 버렸습니다. 야마모토 사장은 그 이유를 이렇게 설명합니다.

"회사 규모가 급격하게 커진 것이 계기가 되었다. 조직의 생산성을 높이기 위해 효율화를 추진했지만, 오히려 일이 늘어나는

힐톱의 최대 강점은 생산 속도에 있다. '힐톱시스템'으로 불리는 독자적인 생산가공 시스템을 통해 정밀도는 물론 높은 생산능력으로 재고가 없어도 적시에 제품을 공급할 수 있다. 다른 회사로부터 거절당한 급한 납품 건은 물론, 기술적으로 어렵다고 여겨지는 제품도 상담을 통해 해결한다.

것을 깨닫게 되었다. 여유가 생기는 만큼 창의적인 일을 해 주기를 바랐지만, 일이 줄어든 조직은 바로 다른 일을 안게 되었기 때문이다. 그래서 이참에 조직 자체를 없애버리는 것은 어떨까 생각했다. 위에서 내려오는 업무를 없애서, 모두 하고 싶은 일을 할 수 있도록 만들고 싶었다."

조직이 없다는 것은, 상사도 존재하지 않는다는 의미입니다. 즉 누군가에게 지시를 받아 일을 하는 것이 아니라 기본적으로 하고 싶은 프로젝트가 있으면 부서에 상관없이 자유롭게 참가할 수 있는 구조입니다. 대신 직원 모두가 리더십을 가지고 자주적으로 프로젝트를 움직여가는 것이 전제입니다. 그렇게 되지 않으면 일이 돌아가지 않습니다.

진화③ '진화의 법칙'에 역행

경영학에는 '진화의 법칙'이란 말이 있습니다. '모든 기업은 탄생한 순간부터 서서히 혁신성에서 멀어진다'는 주장입니다. 벤처기업이 성장해 가는 과정을 그려보면 알 수 있습니다. 창업 초기에는 멤버들이 원하는 일을 마음껏 하면서 혼돈을 겪지만, 그렇기 때문에 즐겁고 스릴이 넘치며 때에 따라서는 세상을 놀라게 하는 이노베이션이 일어나기도 합니다. 그러나 기업규모가 확대되고 성숙해가면 조직은 서서히 경직되는 경우가 많습니다. 재무 부서 등이 만들어지고 절차가 늘어나 모든 일은 허가가 필요해집니다. 따라서 새로운 것을 하기 어려워지고, 이노베이션이 일어날 확률은 점점 낮아지는 겁니다.

하지만 힐톱은 규모가 확대되고 해외진출도 했지만 관리체제를 강화하기는커녕 반대로 부서를 폐지해 버렸습니다. 덕분에 직원들은 제약을 받지 않고 새로운 아이디어를 생각해내고, 실현할 수 있는 환경이 되었다고 볼 수 있습니다. 기업이 경직화되어가는 '진화의 법칙'에 역행하는 움직임을 보이고 있는 겁니다. 자동화 시스템을 활용한 효율적 환경에서 지시가 아닌 내가 원하는 일을 하는 것, 힐톱은 이 두 가지 비결을 통해 직원의 '자발적 동기'를 이끌어 내고 있는 겁니다.

"수주한 일을 하기 위해 필요하니까 기계를 사는 것이 아니라, 흥미로울 것 같은 느낌이 가는 기계를 사서, 그 기계로 무엇을 할 수 있는지를 생각하는 것이 우리의 방식이다"라고 말하는 야마모토 사장. 쓰러져가는 회사를 다시 일으키기 위해서는 멈춰버린 직원의 심장을 다시 뛰게 하는 것부터 시작해야 하지 않을까요?

시선이 닿지 않는 곳에
기회가 있다

─┤ 기업사례 #9 ├─

윌Whill

주목받지 못하는 분야에서 뭔가 의미 있는 프로젝트를 해 보자!

초고령화 사회를 맞이한 일본에서는 운전면허를 반납하는 고령자가 연간 60만 명에 달합니다. 그리고 2022년 5월에는 일정 수준 이상의 교통법규 위반을 한 고령 운전자를 대상으로 한 추가기능시험 제도도 도입되었습니다. 이런 상황에서 주목받고 있는한 기업이 있습니다. 바로 차세대 휴대용 전동휠체어를 제조하는 윌Whill입니다. 창업 10년 만에 토요타, 혼다, 닛산 등 주요 자동차 제조사의 선택을 받으며 미래 모빌리티 시대의 주역으로 부상했습니다.

진화 ① 전동 휠체어의 한계를 넘다

윌이 만드는 전동휠체어는 디자인부터 차세대 모빌리티를 연상케 합니다. 기존 제품들의 투박한 디자인에서 벗어난 감각적이고 심플한 디자인이 멋스럽기까지 합니다. 성능도 뛰어납니다. 마치 마우스를 움직이는 것처럼 가벼운 조작으로 전후좌우 자유자재로 운행이 가능합니다. 자갈길과 잔디는 물론 울퉁불퉁한 비포장도로를 달릴 수 있습니다. 뿐만 아니라 최대 7.5센티미터의 턱도 넘을 수 있습니다. 이 정도라면 기존 전동휠체어의 단점과 한계를 대부분 극복해 낸 셈이 됩니다.

이처럼 뛰어난 성능을 가능하게 하는 것은 '옴니호일'이라는 특수한 앞바퀴에 있습니다. 윌이 독자적으로 개발한 옴니호일은 24개의 작은 타이어가 진행방향과 수직이 되는 고리 형태로 나란히 늘어선 구조로 되어 있습니다. 메인 타이어와 24개의 서브 타이어가 각각 전후좌우의 2개 축으로 회전함으로써 좁은 장소에서도 쉽게 방향 전환이 가능합니다. 또한 4륜구동이기 때문에 턱을 넘거나 비포장 도로도 달릴 수 있는 힘을 낼 수 있습니다.

속력도 최고 시속 6킬로미터로 성인이 조금 빨리 걷는 정도의 속도입니다. 보행자로 간주되기 때문에 보도를 주행할 수 있습니다. 크기가 작기때문에 편의점이나 슈퍼마켓에도 그대로 진입할 수 있습니다. 회전 반경이 작고, 안장 부분을 앞뒤로 밀어서 조절할 수 있기 때문에 실내에서도 편리하게 사용할 수 있습니다. 안장을 테이블에 가깝게 붙이면 식사도 하기 쉽고, 침대로의 이동도 쉬워집니다. 집안에서조차 혼자 이동이 힘든 사람들에게는 정말 편리합니다. 동력으로 사용되는 리튬이온 전지는 뒷바퀴 위쪽에 설치되어 있고 꺼내서 충전을 할 수 있는데, 5시간 충전하면 항속거리가 20킬로미터나 됩니다.

진화② **될 때까지 한다**

이런 놀라운 휠체어를 만든 주인공은 후쿠오카와 나이토라는 두 청년입니다. 윌의 공동창업자이자 최고데이터책임자CDO인 나이토는 대학 동아리 모임에서 현재 최고기술책임자인 후쿠오카를 처음 만났습니다. 졸업 후 나이토는 소니의 차량용 카메라 개발부서로, 후쿠오카는 올림푸스의 의료기기 개발자로 취업한 후에도 동아리를 이어가다가 "주목받지 못하는 분야에서 뭔가 의미 있는 프로젝트를 해 보자!"고 의기투합해 프로젝트 팀을 만들게 되었다고 합니다. 지금 최고경영책임자인 스기에도 이때 합류를 했습니다.

이들이 휠체어에 주목하게 된 건 선진국이 기부한 휠체어가 실은 개발도상국에서는 사용하기 어렵다는 이야기를 전해 들은 것이 계기가 되었다고 합니다. 실제 휠체어를 이용하는 사람들의 이야기를 듣기 위해 요양시설을 찾았다가 들었던 말에 결심을 굳히게 되었다고 합니다. 바로 "100미터 앞에 있는 편의점에 가는 것도 포기한다"는 말이었습니다. 누구에게는 아무런 문제가 되지 않는 '100미터 외출'을 휠체어로는 단념해야 하는 사람이 있다면, 잠깐의 외출이라도 편하게 사용할 수 있는 휠체어를 개발해야겠다고 결심한 겁니다.

이후 동아리 멤버들과 개발 자금을 마련하고 월세방을 하나 빌려 휴일 없이 개발에 매진하길 1년 반, 그렇게 완성한 첫 번째 휠체어는 2011년 도쿄 모터쇼에 출품해 큰 반향을 일으켰습니다. 그 이듬해 나이토, 후쿠오카는 다니던 회사를 그만두고, 스기에도 합류해서 윌을 설립하게 되었습니다. 그리고 끊임없는 테스트와 보완, 시행착오를 거듭한 끝에 2014년 9월 첫 번째 상용화 제품인 'Whill Model A'를 출시할 수 있었습니다.

진화③ 진화는 거듭된다

2017년 4월에 출시했던 Model C에 이어 2021년 11월 새롭게 출시한 'WHILL Model F'는 크기, 무게, 가격 측면에서 기존 모델의 단점을 크게 보완했다는 평가를 받고 있습니다. 일본 주택 대부분이 휠체어를 놓아둘 정도로 현관이 넓지 않아 보관장소가 마땅치 않았던 점을 감안하여 반으로 접을 수 있도록 했습니다. 무게도 기존 모델Model C2의 절반인 약 27kg으로 줄였습니다. 뿐만 아니라 가격도 절반으로 낮췄습니다. 보다 편리한 이용을 위해 짧게는 3일에서 길게는 30일까지 휠체어를 대여해주는 렌탈서비스도 시작했습니다. 하루 3,800엔을 기본요금으로, 총 8가지의 가격 플랜이 준비되어 있고, 여행지나 출장지의 호텔 등에서 받아서 사용하는 픽업서비스도 가능합니다.

윌은 2020년 6월 자동운전 시스템 상용화에 성공하면서 전동휠체어의 또 다른 진화를 거듭해가고 있습니다. 그 가능성을 인정받아 미국의 벤처캐피탈로부터 자금을 조달하는 데도 성공했습니다. 아직 개척하지 않은 미지의 시장을 찾는 것은 결코 아무나 할 수 있는 일이 아닐 겁니다. 그러나 윌과 같은 성공 사례를 통해 그 실마리를 찾을 수는 있지 않을까 생각합니다.

CES 2023 Accessibility 부문에서 Best of Innovation Award를 수상한 'WHILL자동 운전 모델'은 카메라와 센서를 이용하여 주행 중에 장애물을 감지하고 장애물 앞에 정지하는 충돌 방지 기능이 탑재되어 있고, 목적지에 도착한 후 지정 장소까지 자동으로 주행하여 다음 이용자를 위한 준비 기능도 있다. 누구나 사용하기 쉬운 인터페이스와 혁신적인 디자인을 인정받아 다양한 시설에 도입되고 있다. 2021년 6월에는 하네다공항에 24대가 도입되었다.

WHILL Model F는 독자적으로 개발한 '옴리호일' 기능이 탑재된 전방 타이어와 고출력 모터로 최대 5센티미터 높이의 턱도 쉽게 넘어갈 수 있고, 접어서 수납이 가능하다.

원래부터 그런 것은 없다

| 기업사례 #10 |

티어 Tear

우리는 획일화된 장례식은 하지 않는다.
장례 서비스에는 매뉴얼이 있을 수 없다고 생각한다. 장례는 사람만 바꿔서
같은 방식으로 반복되는 의식이 아니며 고인에게는
일생에 단 한 번뿐인 의식이라는 생각으로 장례를 준비한다.

일본 장의업계는 요금이 불투명하기로 유명합니다. 장례의 주도
권을 장의업체가 쥐고 상주의 사회적 지위, 소유하고 있는 자동
차, 고인의 근무처 등으로 등급을 매겨 가격을 결정하는 비공개
매뉴얼이 존재하는 업계였습니다. 심지어 관에 넣는 드라이아이
스나 방부제는 매입가의 10배를 받는 경우도 많았습니다. 그런

데 이런 일본 장의업계의 불문율을 과감히 깨고 소비자의 마음을 사로잡은 회사가 있습니다. 바로 티어입니다.

창업한 지 18년 만에 연간 매출 100억 엔을 돌파하며 장례업계에 파란을 일으킨 티어의 성공에는 도미야스 사장의 남다른 경영철학이 있습니다.

진화 ① 특별한 경영철학, 티어리즘

티어는 사명부터 특이한데, 여기에는 '눈물 한 방울의 고귀함을 생각하며 슬픔을 누그러뜨리는 회사가 되고 싶다'는 도미야스 사장의 생각이 담겨있다고 합니다. 그는 유족들이 감동하는 장례를 제공하여 "일본에서 '고맙습니다'라는 말을 가장 많이 듣는 장의업체"가 되겠다는 최고 이념을 내걸었습니다. 이것이 단순한 구호에 그치지 않도록 직원의 행동기준을 '티어리즘'으로 정의하고, 매달 세미나를 개최해 직원 교육을 계속해오고 있습니다. 2003년부터는 독자적인 직원 교육 프로그램 '티어 아카데미'도 시작했습니다. 회관 수와 규모가 확대되어 직원이 늘어나더라도 기업 이념을 잃지 않고 한결같은 서비스를 제공하기 위한 목적으로 운영되고 있습니다. 실제 장례와 거의 같은 현장 실습을 기본으로 하며 '생명'과 '마음'에 대한 교육을 통해 '죽음'과 관련한 일에 종사하는 사람의 마음가짐 등을 갖춘 인재를 육성하는 데 주력한다고 합니다. 또한 신입사원 연수 이외에도 일곱 단계로 구분되는 독자적인 검정 제도 '티어 검정'을 실시해 회사의 경영철학이 퇴색되지 않도록 노력하고 있습니다.

진화 ② 매뉴얼은 없다

이런 티어가 진행하는 장례는 준비부터 남다릅니다. 장례를 하기 전 유족과 만나 고인의 취미와 좋아했던 것, 고인에 대한 유족의 생각 등을 차분하고 꼼꼼하게 듣는 것부터 시작합니다. 예를 들어 고인이 악기를 가르치는 선생님이었다면 제자들에게 부탁해 장례식에서 고인이 좋아했던 곡을 연주한다든지, 고인이 매일 아침 다녔던 카페가 있었다는 이야기를 들었다면, 그 가게의 아침 메뉴를 영전에 바치는 경우도 있습니다. 한 직원은 어머니를 잃은 상주의 슬픔이 너무나 깊다고 생각해서 "어머님에 대한 생각을 편지에 써서 납관하시면 어떨까요?"라고 제안한 적도 있다고 합니다. 단순히 고인을 떠나 보내는 데서 그치지 않고, 유족의 슬픔을 위로하고 남은 가족들이 고인에 대한 마음을 잘 정리할 수 있도록 도와주는 겁니다.

도미야스 사장은 티어의 이런 업무방식에 대해 "우리는 획일화된 장례식은 하지 않는다. 장례 서비스에는 매뉴얼이 있을 수 없다고 생각한다. 장례식은 사람만 바꿔서 같은 방식으로 반복하는 의식이 아니며, 고인에게는 일생의 단 한 번뿐인 의식이라고 생각하고 준비를 한다"라고 말합니다.

티어의 특별함은 여기서 끝이 아닙니다. 도미야스 사장은 1997년 창립 당시부터 비용 명세를 분명히 하는 동시에, 장례비용을 150만 엔 이하로 낮췄습니다. 당시 티어 본사가 위치해 있던 나고야를 중심으로 중부지역의 장례비용이 평균 300만 엔 정도였으니 절반으로 가격을 낮춘 셈이었습니다. 티어는 127개 점포와 연간 18,000건의 장례 실적을 바탕으로 각종 고품질의 장례용품을 대량구매를 통해 비용을 낮추고 이를 가격에 반영하고 있습니다. 대량으로 구입한 각종 용품은 물류센터에서 집중 관리를 하며 자사의 배송망을 구축해 놓고 있습니다. 적절한 재고관리와 신속한 출하, 배송의 효율화를 통해 물류 비를 삭감하고 있습니다. 특히 제단과 관 등의 목제품과 수의 및 장례복 등은 해외 공장에서 직수입해서 단가를 낮추고 있습니다. 또한 각종 장의차량을 보유하고 승무원은 물론 경비와 접객 스태프 등 장례 운영에 필요한 인재를 적극적으로 채용하고 있습니다. 최근에는 일본 장례업계의 가격 거품이 사라지면서 일반적인 장례 단가도 143만 엔 정도로 줄어들었다고 합니다. 티어의 평균 장례가격은 약

티어의 최대 장점은 고객이 원하는 세상에서 단 하나뿐인 장례식을 준비하는 것이다. 이를 실현하기 위해 유족과의 면담을 통해 고인이 살아온 시간에서 가장 소중하게 기억하고 싶은 것을 찾아낸다.

본질은 변하지 않는다

104만 엔 정도로 여전히 동종업계에서 높은 가격경쟁력을 유지하고 있습니다.

티어는 직영점과 프랜차이즈를 합쳐 연간 1만 8천 건이 넘는 장례를 취급하는 기업으로 성장했습니다. 창업했던 나고야뿐 아니라 전국에 '장의회관 TEAR'를 100점포 이상 운영하고 있습니다. 특히 '장례회관 TEAR'의 출점 방침은 직경 3킬로미터의 범위 안에 다점포를 전개하는 도미넌트 전략(특정지역에 집중 출점)을 쓰고 있습니다. 근거리에 집중해서 출점함으로써 점포 간의 상호보완성을 높여 약 70퍼센트의 가동률과 상권 내에서의 점유율을 유지하고 있는겁니다.

티어는 회원제로 운영되는데, 입회비 1만 엔만 내면 연회비, 적립금 없이 장례를 치를 때 다양한 특전이 주어집니다. 이 특전은 본인뿐 아니라 가족과 친족은 물론 친구도 이용할 수 있습니다. 회원 수는 이미 30만 명을 넘었고 매년 약 2만 명씩 늘어나는 추세입니다. 회원 권리는 장례식 1회로 제한되어 있으나 대부분의 고객이 다른 가족을 위해 재가입을 하고 있어, 재가입율이 90퍼센트가 넘습니다.

이런 티어의 성장세는 놀랍습니다. 2006년에 나고야 증권거래소 2부 상장을 시작으로 2013년에는 도쿄증권거래소 2부에 상장, 그 이듬해에 바로 1부로 승격되었고, 나고야 증권거래소 1부에도 상장했습니다. 2015년에는 매출 100억 엔을 달성했습니다. 2005년 9월 말 결산에서 매출 약 36억 엔, 경상이익 약 2억 엔에 그쳤던 티어는 2021년 9월 말 결산에서 매출 122억 엔, 경상이익 약 8억 엔을 기록했습니다.

우리는 사업환경에서 수많은 관행과 비효율을 마주칩니다. 하지만 그것이 나에게 이익을 주는 것이라면 모른 척하거나, 그 관행을 따르는 경우가 많습니다. 지속가능한 기업에게 중요한 것은 눈앞의 이익이 아니라, 더 오래, 더 굳건하게 이익을 창출할 수 있는 방법을 찾는 일입니다. 관행과 비효율은 그 방법이 될 수 없습니다. 세상에 원래 그런 것은 없습니다. 눈앞의 이익에, 굳어버린 생각에 갇혀 있는 것은 아닌지 돌아보셨으면 합니다.

위기를 이겨내는 방식도
기회가 된다

───┤ 기업사례 #11 ├───

사토

비록 투병 중이지만 착용하는 것만으로도 기분이 밝아지고,
가슴을 당당하게 펴고 외출을 즐길 수 있는 모자를 만들고 싶었다.

2023년 7월, 판매를 시작하자 곧바로 NHK의 취재가 시작되었
고, 조용히 홈페이지를 오픈한 것뿐이었는데 판매현장이 혼란에
빠질 정도로 주문이 쇄도한 기업이 있습니다. '샹브르 마키Chanvre
maki'라는 브랜드의 모자를 만드는 사토라는 기업 이야기입니다.
새로운 브랜드로 위기를 극복하고 일어선 이 기업의 진화 생존

과정을 따라가 보겠습니다.

진화 ① 환자의 숨은 니즈에 주목하다

항암치료를 받는 대부분의 환자는 탈모로 고통을 받습니다. 의료용 모자라고 불리는 모자의 대부분은 디자인이 단순하고 니트로 만들어져 있습니다. 한눈에 탈모 증상이 있다는 것을 알아볼 수 있을 정도입니다.

하지만 '샹브르 마키'는 다릅니다. '벗지 않아도 되는 모자'를 목표로 개발했기 때문에 실내에서도 그대로 쓰고 있을 수 있도록 차양은 배제했습니다. 부드러운 소재와 색을 기본으로 진주와 리본을 곁들인 모양은 우아하고 화사하기까지 합니다. 여기에 드레이프drape˙를 넣어 모자라기보다는 머리를 둘러싼 한 조각 천과 같다는 느낌을 줍니다. 현재 용도와 스타일에 따라 총 18종이 출시되어 판매되고 있습니다. 가격은 6,930엔~1만 4,300엔으로 일반적인 니트 모자의 평균가보다 두 배 정도 비싸지만, 제조량이 판매량을 따라가지 못할 정도로 인기입니다. 그 비결은 탈모를 감추는 것뿐 아니라, 꾸미고 싶은 마음까지 충족시키는 디자

˙ 천을 늘어뜨렸을 때 생기는 자연스럽고 느슨한 주름.

인에 있다는 평가입니다.

진화 ② 고난 속에서 찾은 기회

이 특별한 모자를 개발한 사람은 4대 사장 사토 마키코입니다. 사실 그가 항암 환자들을 위한 모자를 개발하게 된 데에는 특별한 이유가 있습니다. 바로 그 역시 암환자였기 때문입니다. 사토 사장은 2022년 설암을 진단받고 수술과 후유증을 견디며 보내야 했던 날들을 잊을 수가 없다고 합니다.

"니트 모자를 쓰면 한눈에 봐도 투병중이라는 것을 알 수 있었다. 모처럼 차려입은 옷차림도 다 소용이 없어진다. 때문에 자신을 가꾸는 즐거움을 잃고, 외출을 꺼리게 되는 경우가 많다. 비록 투병 중이지만 그런 분들이 착용하는 것만으로도 기분이 밝아지고, 가슴을 당당하게 펴고 외출을 즐길 수 있는 모자를 만들고 싶었다." 사토 사장의 말입니다.

진화 ③ 제품에 진심을 담다

이런 진심은 제품에 고스란히 담겼습니다. 오랜 하청생산 경험에서 축적한 독자적인 기술력이 원단 선정에서 재단에 이르기까지 생산 전 과정에 녹아있습니다. 의료용품은 아니지만 환우를 대상으로 하는 제품인 만큼, 청결과 착용감에도 심혈을 기울였습니다. 원단은 쉽게 세탁이 가능한 것만 사용하고, 촉감을 더 좋게 하기 위해 봉제를 최소화하는 패턴으로 제작하고 있습니다. 뿐만 아니라 피부에 닿을 때 불편함이 없고, 밀착감을 높이기 위해 모자 안쪽에 둥그렇게 들어가는 땀받이는 아예 없앴습니다. 대신 빙 둘러 감을 수 있는 테이프를 넣고, 세 가지 사이즈로 제작해 그 차이로 대응할 수 있게 했습니다. 여기에 불필요한 부분을 생략해서 무게도 줄였습니다. 일반 니트 모자가 100그램이 넘는 데 비해 '샹브르 마키'는 50~70그램 정도로 가볍습니다. 이처럼 작은 부분까지 세심하게 신경 쓴 샹브르 마키는 출시와 동시에 환우들의 관심을 받으며 인기 상품으로 부상했습니다. 사토 사장은 수익의 일부를 암환자 지원 센터에 기부하고 있습니다.

최악을 너머 최선으로

제품의 인기는 침체되었던 회사에도 활력을 불어넣었습니다. 사실 사토 사장이 처음 가업을 이어받을 때만 해도 회사의 상황은 좋지 않았습니다. 동일본 대지진으로 자사 공장이 문을 닫으면서 매출이 절반 이하로 떨어져 있었습니다. 사토 사장은 직접 발로 뛰며, 영업과 판매 방식을 재정비하고, 고객과의 신뢰를 쌓는 방법으로 매출 회복에 나섰는데요. 10년 가까운 시간 동안 노력한 끝에 회사를 정상화시키는 데 성공했지만, 코로나19로 다시 매출이 급감하는 위기를 맞게 됩니다. 결국 신규주문이 거의 사라지자 휴업을 결정하고 정부지원금을 신청할 수밖에 없었다고 합니다. 여기에 설암 선고까지 받은 최악의 상황에서 사토 사장을 일으킨 것이 바로 '샹브르 마키'인 겁니다.

'위기를 극복하는 방식을 보면 그 사람이 어떤 사람인지를 알 수 있다'라는 말이 있습니다. 사토 사장이 성공한 경영자로 주목받는 이유도 고난을 이겨낸 방식이 그를 빛나게 했기 때문일 겁니다. 여러분도 지금 위기 앞에 놓여 있다면, 두려워하고 절망하기보다는, 나의 진가를 보여줄 수 있는 기회가 왔다고 생각해 보면 어떨까요?

불역유행 경영 원칙 2.

본질은 변하지 않는다

30년 불황을 견딘 일본 강소기업의 생존 공식

성장이 아니라 발전

가만히 있어도 성장하는 기업은 없다

일본 강소기업은 성장형 진화가 아니라 발전형 진화를 이어갑니다.
발전형 진화는 내적 진화를 의미하며 성장형 진화는 외적 진화를 뜻합니다.
발전하겠다는 의지와 노력이 거듭되면 기업의 성장은 따라오게 되어 있습니다.

일본 강소기업은 성장보다는 발전을 선택한 기업이라고 보는 편이 맞을 겁니다. 성장이라는 말에 익숙한 사람들에게 기업이 발전한다는 말이 어색할지 모르지만, 적어도 이들 강소 기업만큼은 규모를 키우는 성장보다 내적 진화를 이루는 발전에 방점이 찍혀 있다는 것을 발견할 수 있습니다. 성장에는 한계가 있을 수 있지만 발전은 그렇지 않을 수 있습니다. 지속가능한 성장을 목표로 내세우는 기업이 많지만, 강한 기업으로 생존을 이어가고 있는 기업에게 그런 목표보다 선행되는 것은 지속해서 발전하는 것입니다. 그러면서 강해지고 성장하기 때문입니다. 기업의 성장은 기업이 발전하면 따라오는 결과물입니다. 나라 경제가 발전하면서 성장률이 높아지는 것과 다르지 않습니다. 기업이 성장에 매몰되어서는 안 됩니다. 기업 성장에는 부침이 있을 수 있습니다. 보다 나은 제품과 서비스를 제공하기 위한 끊임없는 담금질만이 그 높낮이를 최소화할 수 있는 안정 성장을 가능하게 합니다.

할 수 있는 것보다 할 수 없는 것을 분별한다

일본 강소기업은 성장보다 계속성을 중시하는 특징이 나타납니다. 가족경영 형태의 기업이라면 더더욱 그런 경향은 뚜렷해집니다. 영속을 원하고 바라는 성향이 그렇지 않은 기업에 비해 훨씬 더 강합니다. 따라서 가족의 일원으로써 고유한 정체성을 계승하는 것을 중요하게 여기며 지역사회로부터 존경받는 기업으로 진화해 나갑니다. 기업의 계속성을 높이기 위해서는 우리가 익히 알고 있는 가치경영을 실현하는 것과 크게 다르지 않습니다. 회계에서 드러나는 이익이나 외형적 성장보다 실질적이고 중장기적인 관점에서 가치창출을 기업 경영의 최우선 순위로 둡니다.

이 책에서 소개하는 일본의 강소기업들은 '본업에서 일탈하지 않는다'라는 방침을 가지고 있습니다. 실제 일본경제가 최고의 전성기를 구가하며 경제 버블이 만들어졌던 시기에도 투기성 사업이나 본업에서 쌓아 올린 지식을 적용할 수 없는 분야로까지 사업을 다각화하는 일은 거의 없었습니다. 물론 본업을 중시한다고 해서 전혀 신규사업에 진출하지 않는 것은 아닙니다. 진출하더라도 어디까지나 본업에서 축적한 지식을 바탕으로 이루어집니다. 즉, 사업다각화는 주변 사업으로 제한하는 경우가 대부분입니다. 경영자가 감당할 수 있는 범위에서 사업을 전개하기 때문에 '무엇을 할 수 있는지'가 아니라 '무엇을 할 수 없는지'에 대한 명확한 기준을 가지고 있습니다. 우리 회사가 '무엇을 할 수 있을까'를 경영의 기본 질문으로 설정하면 자칫 다각화의 덫에 빠질 수 있습니다. 실제로는 손쉽게 다른 사업에 성공하기 어려움에도 불구하고 자사의 경영자원을 활용하면 사업을 실현시킬 수 있을 것이라는 함정에 빠질 수도 있게 되는 겁니다. 일본 강소기업은 자사의 경영자원으로 '무엇을 할 수 없는지'에 대한 명확한 인식을 하고 있어서인지 모르지만, 이러한 다각화의 덫에 빠지지 않습니다. 이런 모습은 언뜻 보기에는 분수에 맞는 경영을 하며 위험을 회피하려는 성향처럼 보이지만, 그렇다고 해서 결코 변화에 소홀하지는 않습니다.

무엇을 남기고 무엇을 바꿀 것인가

일본 강소기업이 발전하는 또 다른 모습은 차별화 전략에서도 드러납니다. '작은 차별화'를 소중하게 여기며, 옆 차선의 흐름이 빠르다고 급격하게 차선을 변경하는 일은 하지 않습니다. 강한 기업의 면모를 갖추고 시장에서 압도적인 지지를 얻는 브랜드파워를 가지고 있어도, 대기업의 브랜드 전략과 같이 대규모 광고를 하거나 단기간에 인지도를 높이는 등의 화려함은 찾아보기 어렵습니다. 압도적인 브랜드파워를 전면에 배치하는 차별화 전략보다는 오히려 '작은 차별화'를 반복하며 탄탄하게 축적해서 지속가능한 경쟁우위를 쌓아갑니다. 즉 장기적 안목에서 서서히 진화하는 발전전략으로 성장을 도모합니다.

일본 강소기업은 이러한 발전 전략으로 경쟁사가 모방할 수 없는 신뢰라는 희소자원을 확보하게 됩니다. 그러나 그 희소자원이 그 시점에서 경쟁력의 원천이 되었다 하더라도 장기적으로는 고객의 기호는 변할 뿐 아니라 기술혁신이라는 외부 환경의 변화에 따라 그 자원의 경제적·기술적 가치는 바뀌게 됩니다. 이러한 시장 수요 변화에 대응하기 위해 경쟁력 유지를 위해 무엇을 남기고, 무엇을 바꿀 것인지를 생각하고 전략을 구축할 필요가 있습니다. 환경변화를 이유로 바꿔서는 안 되는 것까지 바꾸면 경쟁우위의 원천 그 자체를 잃을 수 있기 때문입니다. 판매전략 등의 사업구조 일부를 시대의 흐름에 맞게 바꿀 수는 있어도, 기업의 존재 이유 등 경영이념과 같이, 강소기업의 최대 강점인 제품 및 서비스의 높은 품질을 바꾸는 일은 없습니다.

일본의 강소기업은 규모에 연연해 하지도 않는 것 같습니다. 물론 기업은 질적으로도 양적으로도 성장하는 것이 필요합니다. 성장을 포기하는 것은 쇠퇴를 의미하기 때문입니다. 그러나 규모가 커진다고 해서 모든 것이 해결되는 것은 아닙니다. 어떻게 성장해 가는지가 중요합니다. 일반적인 경영전략 이론에 따르면 기업성장을 성공적으로 이룬 기업은 경쟁환경에서 자사와 가장 적합하다고 판단되는 영역을 주도적으로 선택하고, 그 안에서 노력한다고 역설합니다. 특정 생물이 생존을 지속할 수 있었던 것은, 스스로 살아갈 장소를 경쟁하는 다른 생물보다 잘 선택했기 때문이라는 진화론과 크게 다르지 않습니다. 이러한 생존을 위한 영역을 경영학에서는 도메인이라고 부릅니다. 주체적으로 생존영역을 선택하고 그 안에서 궁리하고 노력해서 강소기업이 되었습니다.

확실한 지향점이 있다

일본 강소기업의 발전은 방향이 분명합니다. 기업의 목적에 부합하는 방향으로 발전하기 위해 본업에서 사업 다각화를 모색합니다. 이들 기업은 사업 도메인과 상권을 확대하며 발전해 왔다는 공통의 분모를 가지고 있습니다. 사업의 핵심 영역은 창업 당시의 본업에서 크게 벗어나는 일이 없으며, 사업확장도 그 본업과의 연관성에서 주변 확대로 이어집니다. 본업을 지키면서 상권을 세계로 확대하고 있는 기업도 적지 않습니다.

일본 강소기업이 발전하기 위해 반드시 거쳐야 하는 변화는 시장과 기술에서 생겨났습니다. 소비자 수요 변화에 맞춰 제공하는 제품과 서비스를 혁신했고, 보유하고 있는 기술력을 보다 효율적으로 발휘하기 위해 대상이 되는 시장을 성장 분야로 전환했습니다. 본업과 관련이 되는 기술과 시장, 그 어느 쪽에선가 혁신의 방향성을 찾아낸 경우가 대부분입니다. 지속가능성을 높이며 생존하기 위해 위험을 회피하기 위해서는 어쩌면 매우 합리적 선택이었는지도 모릅니다. 그렇다고 그 선택이 결코 수구적이지 않습니다. 오히려 매우 선진적입니다.

작은 회사의
최선은 무엇인가

마루카식품

우리 회사처럼 규모가 작은 회사가 할 수 있는 전략은 많지 않다.
특히 마케팅의 경우, 영업사원의 발품에 의지할 수 밖에 없는데,
이때 신제품을 들고 가는 편이 영업하기 쉬울 것이라 생각했다.
그래서 신제품을 매달 출시하는 것을 목표로 설정했다.

우리나라에서 마른오징어를 즐겨 먹듯 일본에서는 오징어를 말려서 튀긴 '이카텐'을 간식이나 술안주로 즐겨 먹습니다. 일본인들에게는 어디에서나 먹을 수 있는 익숙한 음식입니다. 그런데이 이카텐에 자사만의 독특한 아이디어를 더해 일본 제과업계의초히트 상품으로 만든 기업이 바로 '마루카식품'입니다. 평범함

을 특별함으로 변화시킨 비결은 무엇이었을까요?

진화 ① 강점으로 무장한 원천기술

마루카 식품의 첫 번째 진화 비결은 원천기술에 있습니다. 1961년 창업한 마루카식품은 당시의 여느 이카텐 회사들처럼 가내수공업으로 제품을 만들고 있었습니다. 그러다 보니 수익률은 그렇게 높지 않았습니다. 오징어를 말리고, 일일이 두드려 넓게 만든 후, 이를 튀겨내는 일까지 모두 수작업으로 해야 하는데, 들이는 품에 비해 생산량이 적었기 때문입니다. 기계공작에 남다른 재주가 있었던 마루카식품의 초대사장은 제조공정 자동화를 위한 기계를 개발해 이 사업을 수익을 내는 형태로 전환시킵니다. 현재 마루카식품은 당시 기술을 더욱 발전시켜 말린 오징어를 거의 5배의 길이로 늘릴 수 있는 원천기술을 확보하고 있습니다.

뿐만 아니라 마루카식품은 손꼽히는 튀김 기술도 보유하고 있습니다. 하나의 튀김기로 저온, 중온, 고온 튀김이 모두 가능한데, 튀김기의 길이만 무려 5미터에 달합니다. 튀김용 기름 역시 식물유를 자사 비법으로 배합해 만든 자체 튀김유를 활용하고 있습니다. 덕분에 제조 과정은 보다 간단하면서도 더욱 바삭하고 완벽한 튀김을 만들 수 있다고 합니다. 이처럼 강점으로 무장한 원천기술은 마루카식품이 우수한 맛과 품질의 이카텐을 생산하는 데 튼튼한 기본기가 되어주고 있습니다.

진화 ② 제품군 확장과 응용

마루카식품의 두 번째 비결은 제품군의 확장과 응용에 있습니다. 마루카식품은 주력 상품인 이카텐에서 출발해 각종 해산물 풍미의 제품과 스낵류로 지속해서 제품라인을 확장하고 있습니다. 특히 매달 하나의 신제품이 출시될 정도로 새로운 상품 개발에 많은 힘을 쏟고 있습니다. 2대 사장인 가와하라씨는 그 이유에 대해 "우리 회사처럼 규모가 작은 회사가 할 수 있는 전략은 많지 않다. 특히 마케팅의 경우, 영업사원의 발품에 의지할 수밖에 없는데, 이때 신제품을 들고 가는 편이 영업하기 쉬울 것이라고 생각했다. 그래서 신제품을 매달 출시하는 것을 목표로 설정했다"라고 말합니다.

이를 위해 입사 3년 이내의 젊은 사원으로 10명의 개발팀을 꾸려 마루카만의 특성을 드러낸 새로운 상품 개발을 독려하고 있습니다. 그리고 동시에 중장기 상품과 단기 상품을 조합해서 마케팅 전략을 수립해 갔습니다. 우선 기간 한정으로 상품을 출시해 판매가 호조를 보이면 정규상품으로 전환하는 방식입니다. 이

를 통해 토마토·바질 맛, 한국 김 맛, 와사비 맛, 카레 맛, 레몬 맛 등 다양한 이카텐이 개발되었습니다. 2013년 여름 4개월 한 정상품으로 출시한 '이카텐 세토나이 레몬맛ｲｶ天瀬戸内れもん味'의 경우, 폭발적인 인기와 함께 정규상품으로 출시되어, 판매 5년 만에 누적판매량 1,000만 개를 돌파하기도 했습니다. 이 제품으로 마루카식품은 2015년 '닛케이 트렌디 올해의 히트상품 대상'을 수상했습니다.

진화 ③ 아낌없이 주는 이카텐

자사만의 차별화에 성공하며 일본 제과업계의 유망기업으로 떠오른 마루카식품은 현재의 지위에 안주하지 않고 새로운 수익원을 찾기 위해 나서고 있습니다. 가장 눈에 띄는 부분은 이카텐 부스러기를 활용한 '덴카스' 시장 진출입니다. 튀김 부스러기를 뜻하는 덴카스는 우동, 타코야키, 오코노미야키, 야키소바 등 일본 음식에 자주 사용되는 식재료 중 하나입니다. 마루카식품은 이 튀김 부스러기에 이카텐을 만들 때 생기는 부스러기를 섞어 감칠맛을 더한 제품을 출시해 인기를 끌고 있습니다. 히로시마 현 내의 오코노미야키 업체용으로는 점유율 1위를 차지하고 있을 뿐 아니라, 전국적으로 마루카식품과 직접 거래하는 업체만도

100여 곳에 이른다고 합니다.

또한 타사와의 협업 전략으로 제품을 출시하며 화제성도 끌어올렸습니다. 유명 과자인 갓빠에비센(새우깡)에 마루카식품의 레몬맛 이카텐을 섞은 새로운 감각의 제품을 내놓는가 하면, 일본항공사인 전일본공수ANA의 기내 안주로 김 튀김·치즈 맛 스낵을 전용으로 판매해 호평을 받기도 했습니다.

이런 다양한 노력에 힘입어 마루카식품은 연매출을 수년 내에 30억, 중장기적으로는 50억 엔까지 끌어올리겠다는 야심찬 목표를 세우고 있습니다. 이를 위해 본사 부지 안에 제조부터 포장까지 일괄공정이 가능한 새로운 공장도 열었습니다. 또한 포장 작업에도 자동화를 도입해 효율성을 높여가고 있습니다.

이제는 사양의 길을 걷고 있다고, 모두가 힘들다고 말하는 제조업에서 차근차근 자신만의 길을 만들어 가는 마루카식품. 강한 회사를 만들기 위해 무엇을 해야 하는지를 이 작은 식품가공 회사는 알고 있는 듯합니다.

내재된 역량이 무엇인지
다시 살핀다

─┤ 기업사례 #13 ├─

아이치도비

다른 가전업체처럼 일단 발매한 후 점점 개선해 나가는 방식이 싫었다.
올해 구입했는데 내년에 더 좋은 물건이 나오는 그런 제품이 아니라
한번 출시하면 판매가 오래 유지되는 제품을 만들고 싶었다.
때문에 모든 면에서 어중간한 것은 발매할 수가 없었다.

밥맛에 까다롭기로는 세계 최고인 일본인들을 사로잡은 밥솥이
있습니다. 바로 아이치도비라는 회사가 만든 '버미큘라 라이스
팟'입니다. 7만 9,800엔이라는 고가에도 불구하고, 주문 후 제품
을 받으려면 최대 15개월까지 대기해야 합니다. 이 밥솥에는 어
떤 비밀이 숨겨져 있는 걸까요?

겉모습만 보면 무척 단순해 보이지만, 아이치도비의 모든 기술과 노하우가 총동원되었다고 해도 과언이 아닐 정도로, 라이스 팟에는 다양한 기술이 담겨 있습니다.

먼저 열을 내는 하층부는 밑면뿐 아니라 측면도 히터로 감싸, 아궁이와 같은 입체적인 가열을 구현하고 있습니다. 냄비 바닥에 열 감지 센서를 탑재해 섬세한 불 조절이 가능하게 한 것입니다. 조리 시 활발한 열의 대류가 일어날 수 있도록 냄비 모서리를 둥글게 처리하고, 뚜껑 윗면에는 고리 모양 돌기인 '더블 리드 링'을 넣어 밥을 다 지은 뒤 뚜껑의 물방울이 안으로 떨어지지 않게 했습니다.

특이한 점은 전기밥솥임에도 불구하고 보온 기능이 없다는 점입니다. 그 이유를 히지카타 사장은 "보온한 밥은 맛이 없다. 전기밥솥의 보온용 뚜껑을 없애면 밥을 더 맛있게 지을 수 있고, 고무 등의 소재가 들어가지 않아 위생적이다"라고 설명합니다. 실제 소비자를 상대로 조사해 본 결과, 밥을 보온하는 경우보다 냉장, 냉동하는 경우가 많다는 것도 보온기능을 없앤 이유 중 하나입니다. 전기밥솥이 보온밥솥에서 진화하여 만들어진 제품이라는 점을 생각하면, 과히 혁신적인 시도라고 할 수 있습니다.

그런데 여기서 놀라운 점은 이 제품을 만든 아이치도비가 가전업체가 아닌 주물업체라는 점입니다. 금속을 녹여 산업용 기기의 부품을 주조하던 업체가 전기밥솥을 만들게 된 데는 그만한 사정이 있었습니다. 2001년 아이치도비는 주문량 감소로 채무 초과 상태에 놓여 있었습니다. 돌파구를 찾아야 했지만 그럴 자금이 있을 리 만무했습니다. 히지카타 사장은 당시 상황에 대해 "새로운 것을 시도하기에는 자금이 충분치 않았다. 이미 확보하고 있는 주조 기술과 정밀가공 기술을 이용해서 하청이 아닌 직접 판매할 수 있는 상품을 만들어야겠다고 생각했다. 그렇게 생각하니, 만들 수 있는 건 냄비밖에 없었다"라고 회상합니다. 하지만 이미 주물냄비 시장에는 '르크루제'와 '스타우브' 등 유럽 유명 브랜드가 독보적 지위를 차지한 상황이었습니다.

지푸라기라도 잡는 심정으로, 유명 브랜드의 제품을 구입해 직접 사용해보던 히지카타 사장은 틈새시장의 가능성을 하나 발견합니다. 주물냄비의 최대 장점은 열전도율이 좋고 수증기 배출구가 없는 뚜껑 덕분에 무수분 요리도 가능하다는 점인데, 밀폐력이 높을수록 맛이 더 좋아지는 특성이 있습니다. 하지만 고무를 쓰지 않는 주물냄비의 특성상, 밀폐력에는 한계가 있었습니다. 히지카타 사장은 이 점에 주목합니다. "우리가 가지고 있는 정밀 연마기술로 뚜껑과 냄비가 맞물리는 지점을 깎아 밀폐성을 최대한으로 올리면, 더 나은 제품을 만들 수 있지 않을까?"라고 생각한 겁니다. 그리고 3년 후, 아이치도비는 정밀가공 기술을 최대로 활용한 주물냄비 '버미큘라Vermicular'를 출시합니다. 주물냄비를 사람의 손으로 정교하게 깎아, 냄비와 뚜껑 사이에 종이 한 장조차 들어가지 않을 정도로 높은 밀폐력을 자랑합니다. 버미큘라는 출시 직후부터 재료의 수분을 최대로 유지해 최상의 맛을 끌어낸다는 평을 받고 있습니다.

진화 ③ 베스트셀러가 아니라 스테디셀러

앞서 말씀드린 '라이스팟'은 이 버미큘라를 한 단계 더 진화시킨 제품입니다. '버미큘라로 밥을 지으면 더 맛있다'는 고객의 말에서 아이디어를 얻었다 합니다. 하지만 제품이 완성되기까지 우여곡절이 많았습니다. '이미 완성된 버미큘라에 자동으로 열을 조절할 수 있는 히터만 붙이면 되겠지'라고 생각했지만, 막상 개발된 냄비로 밥을 지으면 밥이 타버리거나 맛이 떨어졌던 겁니다. 결국 냄비의 모양부터 뚜껑 돌기 개수, 열선 배치 방식, 통풍구 처리까지 수십 번의 시행착오 끝에 제품을 완성합니다. 하지만 히지카타 사장은 발매를 1년 더 미룹니다. 현재의 밥솥으로는 찜이나 구이 같은 반찬 요리는 할 수 없다는 점 때문이었습니다. "다른 가전업체처럼 일단 발매 후 점점 개선해 나가는 방식이 싫었다. 올해 구입했는데 내년에 더 좋은 물건이 나오는 그런 제품이 아니라 한번 출시하면 판매가 오래 유지되는 제품을 만들고 싶었다. 때문에 모든 면에서 어중간한 것은 발매할 수가 없었다"라는 게 이유였습니다.

그렇게 '취사 모드'와는 별도로 30~95℃까지 1℃ 단위로 온도조절이 가능한 '조리 모드'가 추가된 '버미큘라 라이스팟'은 2016년 12월 판매를 시작한 지 불과 2주 만에 1만 5천 대의 주문을 돌파했습니다. 지금까지도 꾸준히 흥행을 이어가고 있습니다. 아이치도비 역시 매출을 60억 엔 대로 끌어올리며 재건에 성공했습니다.

위기가 닥쳤을 때, 아이치도비가 선택할 수 있는 길은 하나뿐이었습니다. 그럼에도 불구하고 이들이 성공할 수 있었던 것은, 그 선택을 '하나밖에 없다'가 아니라 '하나씩이나 있다!'로 받아들였기 때문 아닐까요? 가진 것이 없다며 상황만을 탓하고 있는 것은 아닌지, 내재된 역량을 다시 한번 살펴보시기 바랍니다.

내 나이가 어때서!

고레이샤

오늘 갈 곳이 있고, 해야 할 일이 있는 것이 즐거운 겁니다.
건강하니까 일을 하는 것이 아니라 일을 하니까 건강해지는 겁니다.

25명인 직원의 평균 연령 64.8세. 아무리 '70세까지의 고용'이 노력의무●가 된 일본이라도 높은 수준입니다. 인재파견 전문기업인 이 회사 이름도 고령자高齡者와 발음이 같은 고레이샤高齡社 입니다.

● 일본의 고용안정법에는 '노력 의무화'라는 준비기간이 있다. 대개 10년 안팎의 준비기간을 거친 후 법적 강제 조치인 '의무화'를 실시해 충격을 최소화한다.

2021년 9월 기준, 등록된 인원 938명의 평균 연령은 71.1세에 달하고 그중 최고령자는 81세입니다.

고령자들이 모인 조직이지만, 성장률은 놀랍습니다. 설립 당시 2,300만 엔이었던 연간 매출이 2021년 3월 결산 당시 7억 엔으로 늘었습니다. 저출산 고령화가 중대한 사회문제가 된 일본에서 이 기업의 성장은 지대한 관심을 받고 있습니다. 게다가 지난 팬데믹 상황에서 더욱 주목받았다고 합니다. 이유가 무엇일까요?

진화 ① **창업 이유**

고레이샤는 도쿄가스에 오랫동안 근무했던 우에다 고문이 지난 2000년에 예순이 넘은 나이로 창업했습니다. 1997년 도쿄가스를 떠나 도쿄기공 사장으로 부임한 그는 오랜 골칫거리에 부딪히게 됩니다. 당시 도쿄기공은 도쿄가스의 협력업체로 가스기기의 수리와 시공을 맡고 있었는데, 직원들의 업무 중 하나였던 '신축 아파트 입주 전 가스기기 설명'이 비정기적인 일인데다, 휴일에 일이 갑자기 생기는 경우가 많아 인력 배치가 어려웠던 겁니다. 일이 발생할 때마다 직원들이 연장근로나 휴일근로로 대응했지만 이런 방식으로 계속하기에는 부담이 너무 컸습니다.

이 문제를 해결하기 위해 고민하던 우에다씨는 문득 도쿄가스를 퇴직한 직원들을 떠올렸다고 합니다. "정년퇴직한 선배들은 남아도는 시간을 그냥 보내고 있었다. 경험과 기력이 충분한데도 오늘 갈 곳이 없고, 해야 할 일이 없다는 것은 고통스러운 일이다. 그래서 일을 하고 싶은 사람과 그 경험을 필요로 하는 회사를 연결시키는 회사가 만들어진 것이다."

진화 ② **의외의 성과**

고레이샤는 고령자가 아니면 등록이 되지 않는 파견회사입니다. 등록을 위해서는 정년퇴직한 사람으로 60세 이상 75세 미만이어야 합니다. 등록한 이후 정년은 없습니다. 본인의 의욕과 능력만 있으면 몇 살이라도 일할 수 있습니다. 업무내용의 약 60퍼센트는 도쿄가스 관련입니다. 가스기기의 작동검사와 사무작업, 창고관리 등 업무 내용은 다양합니다. 나머지 40퍼센트가 도쿄가스 이외의 업무로, 영업업무 보조, 렌터카 접수, 아파트 관리, 차량 이송 등 다양합니다. 또한 등록해서 일을 시작한 고령자들은 매월 다음 달 근무 희망일을 회사에 알리고 회사는 그것을 근거로 전체 근무표를 짭니다.

기본적으로 일은 워크셰어링 방식으로 하고 있습니다. 일주일 내내 일을 하는 것이 아니라 한 가지 일을 여러 사람이 요일과 시간을 나눠서 하는데, 직원들은 대체로 일주일에 3일 정도 일합니다. 월급은 평균적으로 10만 엔 정도지만 대부분 연금을 받는 상황이라 충분한 용돈이 됩니다.

그런데 이러한 업무 방식은 지난 팬데믹 상황에서 의외의 효과를 나타냈습니다. 2대 사장 무라제키씨는 "밀접접촉자가 나오면 보통의 직장에서는 일이 중단되지만, 워크셰어링의 경우에는 밀접접촉자가 아닌 사람이 일을 대신할 수 있기 때문에 업무가 중단되지 않는다, 즉 리스크 분산 효과가 있는 것이다"라고 말합니다.

자격과 기능, 취미를 적절하게 활용하는 사람도 많습니다. 예를 들어 액화천연가스를 취급하기 위해서는 고압가스 취급 주임자의 자격이 반드시 필요한데, 고레이샤에 등록된 경력자들이 가스플랜트의 확인 작업을 맡아 4명이 교대로 매일 출근을 하고 있습니다. 또한 정원사 자격이 있는 사람이 회사 옥상정원 관리를 비정기적으로 맡아 하다가 정식으로 그 회사와 계약을 맺은 경우도 있다고 합니다.

진화 ③ 성공의 열쇠는 리셋

무라제키 사장은 고령자가 재취업할 때 유념해야 할 점에 대해 이렇게 말합니다. "고용하는 측과 일을 하는 고령자가 모두 기분 좋게 일을 하기 위한 가장 중요한 열쇠는 '리셋reset'이다. 전에 다니던 회사에서의 책임 있는 위치에 있었다 하더라도 모두 리셋(재설정)해달라고 말한다. 일을 하는 기본은 젊은 사람의 보조이고 상대를 치켜세우는 것이 필요하기 때문이다."

고레이샤는 합의 후 파견을 원칙으로 하고 있지만, 이 과정이 간단하지만은 않다는 것이 앞으로 풀어야 할 과제라고 합니다. 간혹 거래처가 무리한 시간에 업무를 요청하거나, 터무니없이 낮은 임금을 제시하고, 젊은 직원으로 대체해달라고 요구하는 경우도 있기 때문입니다. 이처럼 고령자 파견의 본질을 잘못 이해하는 경우에는 완곡하게 거절한다고 합니다. 무라제키 사장은 "젊은 직원의 자리를 빼앗으려고 하는 일이 아니다"라고 강조합니다.

일본보다 빠른 속도로 고령사회로 진입하고 있는 우리나라 상황을 감안하면 고령자의 재취업 문제는 공적인 영역에서 벗어나 고레이샤와 같은 비즈니스모델로 확장될 가능성이 높을 것 같습니다. 무라제키 사장은 "오늘 갈 곳이 있고, 해야 할 일이 있는 것이 즐거운 겁니다. 건강하니까 일을 하는 것이 아니라 일을 하니까 건강해지는 겁니다"라고 말하는데요. 인구감소와 고령화 등 경영환경의 급속한 변화에 따라 바뀌게 될 노동관의 이 같은 변화 속에서 새로운 비즈니스의 힌트를 찾아보시기 바랍니다.

'운'도 실력이다!

─┤ 기업사례 #15 ├─

야마자키금속공업

색다름과 기발함만을 너무 강조해서 테이블웨어 본래의 기능을
잃는 것은 우리가 추구하는 바가 아니다. 모든 제품에
'사용의 편리성'을 최우선에 두는 것, 이것이 진정한 명품을
추구하는 길이며, 고품질의 제품 구현으로 자연스럽게 연결된다.

지난 1991년에 창설 90주년을 맞이한 노벨상 기념 만찬장에서
사람들을 사로잡은 것이 있었습니다. 바로 테이블에 놓인 양식기
洋食器였습니다. 이날 처음으로 노벨상 만찬 테이블에 선택된 이
제품은 이후 15년이 넘도록 전용 양식기로 쓰이고 있습니다. 놀
라운 점은 이 제품이 양식기의 본고장 유럽의 것도, 노벨상 개최

국인 스웨덴의 제품이 아닌 일본의 작은 마을 니가타현 츠마베 지역에 자리한 야마자키금속공업山崎金属工業이 만든 것이라는 점입니다. 이들은 어떻게 노벨상 만찬에 선택될 수 있었을까요?

진화 ① '사용의 편리성'이 곧 품질

야마자키금속공업의 사장인 야마자키 에츠지씨는 자사의 강점을 '사용의 편리성'으로 꼽습니다. 무척 당연하고 단순한 말 같지만, 사실 이 단어에는 야마자키만의 비결이 모두 담겨 있습니다. 숟가락과 포크, 칼과 같은 양식기는 보기에도 좋아야 하지만 손에 든 느낌이나 입에 넣었을 때 혀에 닿는 감촉도 중요합니다. 1918년부터 양식기를 생산해 온 야마자키에서는 모든 제품에서 이 세 가지를 고려해 만들어지고 있습니다. 일반적인 칼의 제조공정이 약 6단계 전후인데 반해, 야마자키의 칼은 총 35단계의 공정에 이릅니다. 제품 모델에 따라 공정 변화가 심하기 때문에 기계를 통한 생산 라인이 아닌 수공예 방식으로 제작되고 있습니다. 각 공정당 1명씩 35명의 전문 장인이 팀워크를 통해 높은 품질의 제품을 생산하고 있습니다.

야마자키의 제품은 소재나 기능뿐 아니라 독창적인 디자인으로도 유명합니다. 이 회사의 디자이너로 채용되려면 반드시 도

예가 혹은 조각가가 본업인 사람이어야 합니다. 양식기 디자인을 전문적으로 하는 디자이너는 자신만의 디자인 성향이 뚜렷해 야마자키만의 독창적 이미지를 구현하지 못할 것으로 판단하기 때문입니다. "색다름과 기발함만을 너무 강조해서 테이블웨어 본래의 기능을 잃는 것은 우리가 추구하는 바가 아니다. 모든 제품에 '사용의 편리성'을 최우선으로 두는 것, 이것이 진정한 명품을 추구하는 길이며, 이는 고품질의 제품 구현으로 자연스럽게 연결된다"라는 것이 회사의 생각입니다.

해외시장 진출에는 성공했지만

하지만 이런 야마자키에게도 해외시장 개척은 쉽지 않았습니다. 미국의 대형 양식기 업체의 위탁 생산이 일본에서 한창이던 1967년, 야마자키금속공업도 해외시장 진출에 도전했습니다. 기업들이 해외 마케팅 경험이 없어 종합상사에 의존하던 때였지만 야마자키는 스스로 해외의 거래처를 찾아 세계 65개국을 방문했다고 합니다. 관련 단체를 무작정 방문하기도 하고 해외 고급백화점을 돌며 시장조사를 거듭하는 사이, 다행히도 조금씩 거래처가 늘어나 독일, 덴마크, 프랑스 등의 브랜드 업체로부터 공동 제품개발을 제의 받기에 이릅니다. 그러나 일본 양식기가 미국으로 대량 수출되면서 무역마찰이 불거졌고 이윽고 수출제한 조치까지 내려지게 됩니다. 설상가상 1985년 플라자합의Plaza Accord• 이후 급속한 엔고로 일본의 수출산업은 큰 타격을 입습니다. 야마자키도 예외는 아니었습니다.

진화 ② **운도 실력이다!**

도산까지 걱정해야 했던 그때, 숨통은 생각지도 못한 곳에서 트였습니다. 1985년, 6년 후 있을 '노벨재단 설립 90주년' 만찬회를 준비하던 노벨재단에서 만찬회 공식 식기로 야마자키의 제품을 채택한 것입니다. 야마자키가 발품을 팔아가며 세계를 누비던 당시, 크리스털글래스 디자인으로 유명한 스웨덴의 저명한 디자이너 고너 세린이 이를 눈여겨보고 있다가 만찬 식기로 추천한 것이었습니다.

노벨상 만찬장 테이블에 오른 쾌거는 야마자키 제품이 세계 시장을 향해 뻗어나가는 중요한 계기가 되었습니다. 만찬장에서 스웨덴 여왕뿐 아니라 모든 참석자가 디자인과 편리성에 대해 칭찬을 아끼지 않았고 그 이후 세계 각지로부터 주문이 쇄도하여

• 1985년 9월 22일 미국 뉴욕에 있는 플라자호텔에서 열린 G5 경제선진국(프랑스, 서독, 일본, 미국, 영국) 재무장관, 중앙은행총재 들의 모임에서 발표된 환율 합의를 가리킨다.

세계 속에 야마자키를 인식시킬 수 있었기 때문입니다. 세계 양식기 시장에서 야마자키 브랜드가 고급 제품으로 취급되기 시작한 것도 이 무렵부터입니다. 스웨덴의 디자이너가 가교 역할을 했지만 야마자키가 그동안 축적한 기술의 우수성에 비추어보면 당연한 결과였는지도 모릅니다.

진화 ③ 부가가치가 있는 제조를 하라

이렇게 성공적인 해외 진출을 이뤄낸 야마자키금속공업은 또 다른 부가가치를 창출하기 위해 눈을 돌리고 있습니다. 바로 제품공정에서 버려지는 자투리 부분에 집중하기 시작한 겁니다. 숟가락이나 포크 같은 양식기들은 모양 특성상 찍어내고 나면 버려지는 부분이 상당히 많습니다. 하지만 합금인 스테인리스를 재활용할 수 있는 방법은 다시 녹여 철판이나 봉강 등으로 재생산하는 방법뿐, 같은 스테인리스 양식기를 만드는 용도로는 활용이 불가능합니다. 비용 측면에서도 손해를 감수해야 하는 부분입니다. 고민하던 야마자키는 아주 간단한 방법으로 이 문제를 해결합니다. 바로 자투리를 둥글게 붙여 캔들 홀더를 만든 겁니다. 야마자키의 베스트셀러인 'GONE FISHIIN' 시리즈의 자투리로 만든 제품이 대표적입니다.

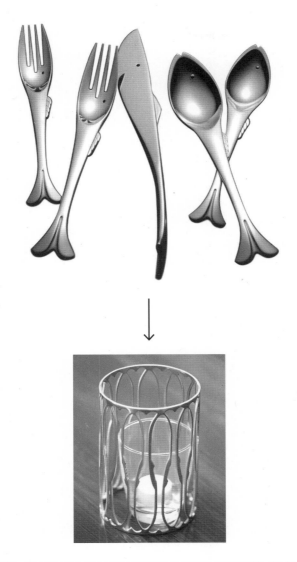

환경을 생각한 개발 아이디어. 물고기 모양의 식기 'GONE FISHIN' 시리즈의 탈형 후 남은 재료는 부드럽게 재가공되어 냄비와 캔들 홀더로 다시 태어난다.

노벨상 만찬장에서 시작된 야마자키의 성공신화는 지금도 여전히 이어지고 있습니다. 2013년과 2016년 '레드닷 디자인어워드Red Dot Design Award'에서 최고상Best of the Best을 수상했고 일본 최초 크루즈 열차인 '세븐스타 인 규슈'에 전용 양식기로 채택되며 일본 최고 업체로도 인정받았습니다.

야마자키 공업의 '행운'은 어느 날 갑자기 하늘에서 떨어진 것이 아닙니다. 오랜 노력과 탄탄한 내공이 이뤄낸 결과입니다. 여러분은 어떠신가요? 지금 나에게 '행운'이 찾아온다면, 기회로 만들 준비가 되어 있으신가요?

절실하면 통한다

가타노공업

혹시 물속이 아니더라도 사용할 수 있지 않을까.

차에 탈 때 특유의 냄새 때문에 얼굴을 찡그린 경험 있으실 겁니다. 특히 담배를 피우거나 반려동물과 함께 차를 타는 분이라면 다른 사람을 태울 때 아무래도 차량 내부의 냄새에 신경이 쓰이실 겁니다. 일본에서는 이런 운전자에게 인기가 높은 고성능 탈취기가 있습니다. 바로 '에어 석세스 air success'입니다.

고성능 탈취기, 에어 석세스

가타노공업의 에어 석세스는 다른 탈취기에 비해 뛰어난 성능을 자랑합니다. 부패한 음식 냄새와 같은 악취도 2시간 만에 절반으로 줄여줍니다. 여기에 인플루엔자의 활성화를 막고 대장균과 곰팡이균의 살균효과도 있다고 합니다. 실제로 일본식품분석센터가 실시한 탈취 효과시험에 따르면 암모니아는 작동 후 2시간 만에 절반으로 줄어들고 생선 냄새와 비슷한 트리메틸아민은 3분의 1 이하로 감소했습니다. 인플루엔자 바이러스는 24시간 후에 약 3분의 1이 되었고, 대장균과 황색포도상구균, 청색 곰팡이는 24시간 후에 검출되기 어려울 정도의 양으로 줄었습니다.

진화 ① 뛰어난 성능의 비결

이런 뛰어난 성능의 비결은 가타노 사장이 독자적으로 개발한 '다중 링크식 코로나방전* 기술MRD'에 있습니다. 코로나방전은 전극에 어떤 뾰족한 부분이 존재할 경우, 그곳에 전하가 집중되

• 플라즈마 방전이라고도 한다. 기체 상태의 물질에 열과 전기를 가하면 이온이 발생해 전류가 흐르는 현상이다.

어 방전 발광 현상이 나타나는 걸 말합니다. 가타노 사장은 스테인리스판에 동심원 모양의 링을 복수로 배치한 독자적인 전극 플레이트를 개발해, 이 코로나방전 시 발생하는 이온풍을 약 3배로 확산시키는 데 성공했습니다. 이 이온풍 안에 포함된 고농도 이온과 저농도 오존이 냄새나는 물질이나 곰팡이, 잡균, 바이러스에 흡착해서 분해 또는 활성화되는 것을 막아준다고 합니다.

게다가 송풍기와 필터를 사용하지 않기 때문에 크기가 작고, 소음이 거의 없으며 소비전력도 낮습니다. '에어 석세스' 한 대로 약 15평 정도를 커버할 수 있습니다. 전극 플레이트를 한 달에 한두 번 세척하면 되기 때문에 관리하기도 편리합니다. 이런 장점 덕에 에어 석세스는 이미 일본 전국의 요양시설과 반려동물 사육장 등에서 그 위력을 발휘하고 있습니다.

진화② 본업의 한계가 기회가 되다

사실 가타노공업의 주력 사업은 탈취기가 아닙니다. 수송용 컨테이너를 수리하고 개조하는 일이 본업입니다. 그래서 회사가 위치한 곳도 요코하마 항의 부두 근처입니다. 가타노공업이 본업과는 거리가 먼 탈취기를 개발하게 된 이유는 본업의 한계 때문이었습니다.

폭 172밀리미터, 높이 105밀리미터, 두께 43밀리미터에 불과한 작은 크기이지만, 한 대로 15평 정도를 커버할 수 있을 정도로 탈취 성능이 강력하다.

컨테이너 사업은 경기변동과 환율에 따라 일감이 크게 요동치는 특징이 있습니다. 2000년대 초반 엔고 장기화로 가타노공업 역시 힘든 시기를 보내야 했습니다. 중고 컨테이너를 개조한 간이 사무실, 방재창고, 셀프 코인노래방 부스 등을 만들면서 추가 매출을 발생시켜 어떻게든 버텨보려고 했으나 역부족이었다고 합니다. 회사의 지리적 이점과 컨테이너 기술을 활용할 방법을 고민하던 가타노 사장은 출장길에 접한 새우 양식에서 기회를 발견합니다.

바다에 가두리를 치고 양식하던 기존의 방식 대신, 가타노 사장은 컨테이너를 이용한 육상 양식을 떠올렸습니다. 그렇게 하면 환경도 지키고 일본의 식량 자급률을 높이는 데도 기여할 수 있을 것으로 본 것이었습니다. 하지만 문제가 발생했습니다. 새우를 양식한 지 얼마 지나지 않아 배설물과 먹이 찌꺼기 등이 암모니아로 바뀌어 악취가 나기 시작한 거였습니다. 이를 막기 위해서는 1개월 간격으로 수조의 물 절반가량을 교체해야 하는데, 비용 부담이 너무 컸습니다.

진화 ③ 더 나은 것을 만들다

방법을 찾던 그는 나노버블 장치에 주목하게 됩니다. 나노버블에 의해 발생한 이온이 수중의 냄새를 없애고 잡균을 분해시키는 것을 알게 된 것입니다. 가타노 사장은 해외에서 구입한 이온 발생 장치를 분해해 연구한 끝에 이온을 보다 효율적으로 발생시키는 전극구조 개발에 성공합니다. 그리고 새우 양식 컨테이너에 실제 도입해 본 결과, 탈취와 살균에 탁월하다는 것을 확인할 수 있었습니다. 가타노 사장은 여기서 또 다른 아이디어를 떠올립니다. '혹시 물속이 아니더라도 사용할 수 있지 않을까'하는 생각이었습니다.

새우 양식에서 한발 더 나아가 탈취와 살균에 집중하기 시작한 가타노 사장은 2009년부터 추가 연구 개발에 나섰습니다. 2010년 일본 국내 특허를 취득한 데 이어 한국, 미국을 포함한 세계 10여 개 국가에서 특허를 취득한 그는 2011년 마침내 고성능 탈취기 '에어 석세스'를 출시합니다.

그리고 2020년 말 기준 가타노공업의 탈취기는 일반 병원과 동물병원, 반려동물을 키우는 곳 등에서 호평을 받으며 10만 대 이상의 판매 대수를 기록하고 있습니다. 에어 석세스를 차량용으로 개조한 '에어 석세스 솔라' 역시 많은 운전자들의 호평을 받으며, 성공을 이어가고 있습니다. 가타노공업은 이런 기술력과 성능을 인정받아 2011년 요코하마 지식재산 미래기업으로 선정되었습니다. 2012년에는 가나가와 공업기술 개발대상 지구환경 기

술상, 2013년 일본신기술창출대상 기업부문 특별상을 수상하는
성과를 거두었습니다.

가타노 사장은 당초 탈취나 멸균에 관심이 있었던 것도 아니
고, 하물며 그 분야 전문가도 아니었습니다. 하지만 눈앞의 문제
를 간과하지 않고 스스로 해결해 나가려 하는 과정을 통해 기업
의 한계를 극복하고, 새로운 기회를 만들어냈습니다. 기업이 성
장하며 규모가 커지면 혁신성과 거리가 점차 멀어지는 경우를 종
종 발견하게 됩니다. 우리 기업에게 부족한 것은 무엇인지, 간과
하고 있는 문제는 무엇인지 살피고, 스스로 해결하려는 노력이
혁신의 시작이 될 수 있다는 것, 기억하셨으면 좋겠습니다.

오래된 캐릭터의
인기 역주행

산리오

캐릭터나 엔터테인먼트는 의식주와 같은 생활필수품이 아니기 때문에
어떻게 부가가치를 창출할 것인지가 중요하다.
우리가 만들어내는 부가가치는 소비자의 웃는 얼굴이다.

어디선가 한 번쯤은 귀여운 고양이 모양의 캐릭터인 '헬로키티'
를 보신 적 있으실 겁니다. 일본 캐릭터 전문기업인 산리오가
1974년에 당시 로열티 부담이 컸던 '스누피'에 대항할 목적으로
만들어, 지금도 전 세계 사람들에게 사랑을 받고 있습니다. 헬로
키티 외에도 일명 '산리오 캐릭터즈'라고 불리는 여러 캐릭터가

한국에서도 큰 인기를 끌고 있습니다.

그런데 사실, '산리오 캐릭터즈'는 새롭게 등장한 캐릭터가 아닙니다. 모두 출시된 지 10여 년이 훌쩍 넘은 올드 캐릭터들입니다. 앞서 언급한 헬로키티와 토끼 모양의 마이멜로디는 1970년대 출시된, 그야말로 중년 캐릭터들입니다. 역주행에 성공한건 캐릭터뿐만이 아닙니다. 이 올드 캐릭터를 만들어낸 기업 '산리오'도 오랜 침체기를 딛고 부활에 성공했습니다.

기존 경영의 문제

산리오가 보유하고 있는 캐릭터의 대표격은 단연 헬로키티입니다. 국내외 폭넓은 소비자를 보유한 캐릭터로 2024년 50주년을 맞았습니다. 그동안 해외를 중심으로 매출이 지속해서 성장하고 있었으나, 한편으로는 헬로키티에 너무 의존한 회사 체제가 과제이기도 했습니다. 그동안은 워낙 캐릭터의 인기가 높았기 때문에 외부로부터 다양한 협업 제안도 많았고 영업하기도 수월했습니다. 그러나 캐릭터의 배경이 되는 스토리와 장기적인 브랜딩 전략이 부족했던 탓에 비즈니스 전개의 한계가 드러나고 있었습니다. 2015년부터 7년 연속 매출과 이익이 함께 감소하며 2021년에는 창사 이래 최대의 경영위기에 직면하게 됩니다.

진화 ① 내부를 먼저 돌아보라

이런 상황에서 해결사로 등장한 사람이 바로 현 사장인 츠지 도모쿠니입니다. 2014년 산리오에 입사해 2020년 사장에 오른 츠지 사장은 먼저 내부의 문제점부터 파악해 갔습니다. 직원을 대상으로 한 설문조사 결과 나타난 과제는 총 3가지였습니다. 첫 번째는, '도전을 칭찬하지 않는 풍토'입니다. 그동안 성공을 거듭해 온 탓에 새로운 도전이 일어나기 힘든 상태였던 겁니다. 두 번째 문제는 핵심성과지표KPI나 핵심목표지표KGI의 설정이 이루어지지 않아 마케팅을 중심으로 한 경영전략이 만들어지지 못하고 있다는 점이었습니다. 현장에 대한 지시가 애매해지면서 성장궤도를 만들어내지 못하고 있었던 겁니다. 마지막 세 번째는 직원 평가와 인사제도가 경직화되어 있다는 점이었습니다. 회사의 혁신과 도전을 위해서는 직원의 동기부여가 필수였지만 이를 실행할 수 있는 시스템이 정비되어 있지 않았습니다.

진화 ② 바꿔야 산다

설문 결과를 바탕으로 츠지 사장은 2024년까지의 '중장기경영계획'을 발표했습니다. 먼저 마케팅 전담부서를 신설하고, 캐릭터의 포트폴리오를 다각도에서 검토하여 장기적인 관점에서 브랜딩 전략을 세워 나갔습니다. 한편 조직풍토도 개선해 나갔습니다. 부서 간 장벽을 허물어 유동성을 높이는 데 주력하면서, 캐릭터의 이름과 디자인은 물론 세계관부터 프로모션 방법까지 여러 부서가 자유롭게 검토할 수 있도록 했습니다. 그리고 매달 세 번의 경영회의를 열어 다양한 과제를 제시하고, 각각의 프로젝트의 진척 정도를 면밀히 파악하면서 보다 신속하게 전략을 강구하게 되었다고 합니다.

인사와 보상제도도 개혁해 나갔습니다. 애매했던 표창의 정의를 개선하고 금액도 납득할 수 있는 수준으로 변경했습니다. 중장기계획의 실천과제에 참여하는 멤버를 모집하고, 매달 1회 진행하는 표창제도 신설했습니다. 이를 통해 새로운 도전을 독려하고 개혁을 위한 전략과 과제가 현장에서 빠르게 실천되도록 유도해 나갔습니다.

진화 ③ 팬이 원하는 캐릭터

츠지 사장이 다음으로 집중한 것은 헬로키티에 대한 의존도를 줄이는 것이었습니다. 산리오는 헬로키티 외에도 90여 개에 달하는 캐릭터를 보유하고 있었지만, 헬로키티를 이을 만한 인기 캐릭터가 없는 상황이었습니다. 이 문제를 해결하기 위해 시작한 것이 바로 '넥스트 카와이 프로젝트NEXT KAWAII PROJECT'입니다. 대중들의 투표로 새롭게 데뷔하는 캐릭터를 정하는 소비자 참여형 프로젝트로 2022년 6월에 시작되었습니다. 사내 디자이너가 고안한 120개가 넘는 디자인에서 직원 투표로 25개의 캐릭터를 선발한 후, 소비자가 참여하는 '디자인 투표', '동영상 투표', '굿즈 투표'의 3단계를 거쳐 최종 출시할 캐릭터를 선정했습니다. 이렇게 등장한 캐릭터가 바로 2023년 3월에 출시된 '하나마루오바케'입니다.

국내외 라이선스 사업도 개선해 나갔습니다. 복수의 캐릭터를 전개해 전체 매출의 70퍼센트를 차지하던 헬로키티의 점유율을 2022년 30퍼센트까지 낮추는 데 성공했습니다. 기존의 로열티 수입에 새로운 캐릭터에 대한 라이선스 계약이 더해지면서 매출도 증가했습니다. 여기에 캐릭터 상품 매장과 테마파크 입장객 수도 코로나19 이전 수준을 완전히 회복하면서 산리오는 2023년 3월 결산에서 전년대비 4배가 넘는 영업이익을 기록했습니다. 2,000엔 대를 밑돌던 주가도 8,000엔 대(2023. 8월 기준)를 기록하며 V자 회복에 성공합니다.•

● 산리오(티커 8136) 주가는 2024년 3월 28일 기준으로 3:1 비율로 액면분할되었다.

산리오는 캐릭터와 제품 서비스에 소비자가 접촉하고 있는 시간을 '산리오시간'으로 정의하고 있습니다. 2021년부터 10년간 전 세계 '산리오시간'을 3,000억 시간 이상으로 늘리는 것을 목표로 하고 있습니다. 이를 위해 2023년 3월에 어린이용 영어 교재 '산리오 잉글리스 마스터Sanrio English Master'를 출시했습니다. 이 서비스를 통해 헬로 키티를 중심으로 한 캐릭터 기업에서 종합 엔터테인먼트 기업으로 진화하겠다는 생각입니다.

츠지 사장은 "캐릭터나 엔터테인먼트는 의식주와 같은 생활 필수품이 아니기 때문에 어떻게 부가가치를 창출할 것인지가 중요하다. 우리가 만들어 내는 부가가치는 소비자의 웃는 얼굴이다"라고 말합니다. 과거의 성공 법칙에 연연하지 않고, 새로운 전략으로 기업의 새로운 가치를 만들어 가고 있는 산리오처럼, 힘든 시기 우리 기업이 추구해야 할 부가가치는 무엇인지 살펴보는 계기가 되셨으면 합니다.

팬을 만드는 회사는
과자도 일을 한다

에스프라이드

겉치장만 좋게 한다고 결코 진정한 브랜딩으로 이어지지 않는다.
필요한 것은 팬을 만드는 것이다. 그 회사만이 말할 수 있는
분명한 특징을 만들어내면 팬이 되어 주는 사람이 나오게 된다.

기업의 판촉활동이나 이벤트에서 주는 물건들, 한두 번 정도는
받아보셨을 겁니다. 보통 수첩이나 볼펜, 메모지, 달력 등에 회사
이름이나 기업 로고가 새겨져 있는 경우가 대부분입니다. 문제는
이렇게 받은 판촉물이 마냥 반갑지만은 않다는 겁니다. 좋은 인
상으로 기억되기보다는 어디에 써야 할지 난감하거나 짐만 쌓여

가는 느낌을 주는 경우가 많은 것이 사실입니다.

그런데요, 만약 거래처에서 받은 판촉물이 이런 과자라면 어떨까요? 집 모양의 포장용기에 담겨있는 이 과자의 문을 열면 사장과 닮은 일러스트가 나타나고, 그 안에는 회사 로고를 새긴 와플이 들어있습니다. 외장공사를 하는 한 회사의 판촉물인데, 실제 이 회사 영업 담당자가 주요 거래처에 이 선물을 보냈더니, 받아본 사람들이 모두 함께 크게 웃었다며 감사 연락을 받았다고 합니다.

진화 ① 새로운 부가가치의 힘

이런 독특한 판촉물을 만든 곳은 에스프라이드라는 회사입니다. 스스로 이 제품을 '일하는 과자'라고 부르며 새로운 시장을 개척해 나가고 있습니다. 니시카와 사장은 "과자는 기업을 대상으로 한 비즈니스가 되지 못한다는 잘못된 고정관념을 깼다고 생각한다. 우리가 획기적인 창조와 발명을 한 것은 아니고, 일상생활에 넘쳐나는 과자에 새로운 부가가치를 부여해 지금까지 없었던 특별한 존재로 바꾼 것이다"라고 말합니다.

실제 에스프라이드가 직접 직장인을 대상으로 조사할 결과에 따르면 오추겐(추석선물)과 오세보(설날선물) 때 '받아서 난감하고, 반갑지 않은 것'의 1위는 달력이었고, 수건과 건면, 식용유가 그 뒤를 이었다고 합니다. 반면 '받아서 기쁘고 센스가 있다고 느낀 것'은 1위가 과자였고, 이어서 맥주, 커피, 주스 등의 음식이 많았다고 합니다. 또한 '인상에 남는 과자'에 대해서는 1위가 '그 기업이 소재한 지역 특산 명과', 2위는 '그 기업 고유의 과자' 순이었습니다. 에스프라이드는 이미 선물로서 선호도가 높은 과자에 기업 판촉이라는 새로운 부가가치를 더함으로써 신시장을 개척한 겁니다.

진화 ② **쇠퇴하던 사업을 살리다**

니시카와 사장이 기업과 단체를 대상으로 한 독창적인 과자 사업을 시작한 것은 2002년부터입니다. 2000년에 부친이 운영하던 소규모 판촉물 제조사를 이어받은 그는 곧바로 영세업체의 어려움에 직면하게 됩니다. 오랫동안 거래를 하던 기업으로부터 대폭적인 납품단가 인하를 통보받은 겁니다. 응하지 않으면 거래를 중지하겠다는 엄포에 이익이 안 남는 걸 알면서도 일을 해야 하는 상황이 반복되자 니시카와 사장은 신규사업을 모색하기 시작합니다.

그러던 어느 날 한 백화점으로부터 경정장을 찾는 사람들에게 나눠줄 판촉물을 의뢰받게 됩니다. 선수 모습을 한 피규어와 일본 전통과자가 세트로 구성된 상품 1만 개였습니다. 판촉용 과자 생산은 처음이었지만, 니시카와 사장은 이 경험에서 신규사업의 아이디어를 얻습니다. 환영받지 못하는 판촉물 대신 누구나 맛있게 즐길 수 있으면서 기업의 메시지를 담은 세상에 하나뿐인 과자라면, 충분히 승산이 있다고 생각한 겁니다.

하지만 시작은 쉽지 않았습니다. 고객이 될 기업과의 접근성을 높이기 위해 회사 소재지였던 아이치현을 떠나 도쿄로 자리로 옮겼지만, 과자를 위탁 생산해 줄 제과회사를 찾기 힘들었습니다. 사업 특성상 판촉 주문이 들어오면, 해당 기업의 요구에 맞는 과자를 소량으로 생산해야 하는데, 선뜻 응해주는 곳이 없었던 겁니다.

수십 번의 설득과 거절에도 불구하고, 니시카와 사장은 직접 발품을 팔아 겨우 과자 도매업체의 도움을 받을 수 있었습니다. 힘겹게 납품한 대형 유통그룹의 행사 상품이 좋은 평가를 받으면서, 이후 광고대리점 등의 주문이 점차 늘어나기 시작했다고 합니다. 창업 20년을 맞이한 지금 에스프라이드의 거래사는 2,500곳이 넘고 그동안 개발한 오리지널 과자도 4,000종에 달합니다. 신규 문의도 매달 200건으로 지속해서 늘어나는 추세라고 합니다.

진화③ 과자에서 브랜딩 전문기업으로

이제 에스프라이드의 과자는 판매 영역을 더욱 넓혀가고 있습니다. 당초 기업을 대상으로 한 오리지널 과자에 특화되어 있었지만 그 후 사업범위가 관광지와 테마파크, 공항 등의 일반 소비자들을 대상으로 판매하는 과자와 경품 등으로 확대되고 있습니다. 이에 더하여 기업과의 거래 실적이 쌓이면서 판촉과 CI, 브랜딩은 물론 이를 바탕으로 로고와 홈페이지, 팸플릿, 상품개발, 캐릭터 관리 등도 하게 되었습니다. 이를 위해 브랜딩 사업부도 새롭게 신설했습니다.

일례로 인재 채용을 고민하던 한 IT기업이 홈페이지 리뉴얼을 의뢰하자, 에스프라이드는 단순한 리뉴얼에 그치지 않고 그 IT기업의 역사와 이념 그리고 강약점 등을 분석하여 '아첨하지 않는 회사'라는 새로운 키워드를 제시했습니다. 이를 기본 콘셉트로 홈페이지만이 아니라 오리지널 캐릭터와 직원의 명함 등을 종합적으로 제작했고, 그 결과 회사 사이트 접속이 크게 늘어나 채용하는 인재 수준도 향상되면서 고객사에게 극찬을 받았다고 합니다.

'과자'로 시작해 이제는 기업 브랜딩으로 사업 영역을 넓혀가고 있는 에스프라이드. 니시카와 사장은 "겉치장만 좋게 한다

감자칩 패키지에 실제 중소기업 CEO들 얼굴이 대문짝만 하게 실려있는 '사장 칩스'. 포장을 뜯으면 감자칩 봉지 안에 해당 기업 CEO들의 포토카드가 들어있는데 각각의 카드에는 회사의 개요나 사장의 프로필은 물론 '사장 전투 능력치'까지 기재되어 있다. 사장의 가치관을 재미있는 방식으로 전달하는 도구가 된다.

고 결코 진정한 브랜딩으로 이어지지 않는다. 필요한 것은 팬을 만드는 것이다. 그 회사만이 말할 수 있는 분명한 특징을 만들어 내면 팬이 되어 주는 사람이 나오게 된다"라고 말합니다. 고객사의 브랜딩은 물론 에스프라이드의 팬을 만드는 진정한 브랜딩을 위해 회사의 핵심 키워드를 '361°'로 정했다고 합니다. 여기에는 360°의 시야를 가지고 다양한 도전을 함으로써 '1°'의 감동을 계속해서 만들어내겠다는 의지가 담겨 있다고 합니다.

기존에 없던 새로운 수요를 창출해 낼 수 있는 비즈니스모델을 발굴해서 성과를 내는 것은 결코 쉬운 일이 아닙니다. 그렇지만 여러분도 지금에 상황에서 더해질 수 있는 '1°'의 변화가 없는지 찾아보시면 어떨까요?

지구를 구하라!

유글레나

성장하면 할수록 사회가 좋아지는 사업을 만든다.

2022년 5월 "최고미래책임자CFO, Chief Future Officer 모집, 단 18세 미만"이라는 파격적인 구인공고를 게재한 기업이 있습니다. 중요한 것은 나이가 아니고, CFO의 업무는 지속가능한 사회를 위해 회사와 세상을 바꾸는 것이며, 미래의 일을 정할 때는 미래를 살아갈 세대가 반드시 참여해야 한다는 부연설명도 달렸습니다.

필요한 서류는 '당신이 회사를 통해 해결하고 싶은 사회적 과제는 무엇인가요?'에 대해 1,200자 이내로 작성하는 것뿐입니다. 이런 독창적인 행보를 보이고 있는 것은 '유글레나'라는 회사입니다. 지난 2005년 세계 최초로 연두벌레의 대량 배양에 성공한 데 이어, 최근 다양한 방면에서 그 실용화에 연이어 성공하며 다시 세간의 이목을 집중시키고 있습니다.

세상을 바꾸는 벌레

우리에게 유글레나라는 학명으로도 잘 알려진 연두벌레는 길이가 0.05밀리미터의 원생동물로, 벌레가 아닌 미역이나 다시마 같은 마름의 일종입니다. 광합성에 의해 영양을 저장하고 생물처럼 움직일 수 있는 등, 동물과 식물 양쪽의 특성을 겸비하고 있습니다. 연두벌레에는 59종의 영양소가 균형 있게 들어있고, 소화율이 93퍼센트에 달해 미래의 식량부족을 채워 줄 영양보조식품으로 주목받고 있습니다. 게다가 연두벌레는 이산화탄소를 흡수해서 광합성 작용을 일으킬 때 내부의 유지방을 축적하기 때문에 경유와 흡사한 연료를 정제하는 것이 가능합니다. 정제할 때 불필요한 폐기물을 배출하지도 않습니다. 이산화탄소를 소비하면서 환경친화적인 연료를 만들어낸다는 점에서 지구 환경에도 유익합니다.

진화 ① 연두벌레의 가능성에 집중하다

이러한 연두벌레의 장점을 살린 프로젝트의 결정적 열쇠를 쥐고 있는 기업이 바로 유글레나입니다. 2005년 이 회사를 창업한 이즈모 사장은 대학교 1학년 여름, 방글라데시로 해외여행을 갔다가 영감을 얻어 사업을 결심하게 되었다고 합니다. 그는 "방글라데시의 아이들은 식사를 거르진 않았지만, 영양소 불균형으로 면역력이 떨어져 자주 병에 걸렸다. 빈곤의 문제는 기아가 아니라 영양소 부족에서 오는 영양실조 등이라는 것을 처음으로 알게 되었다"라고 당시를 회상합니다.

'연두벌레가 지구를 구하는 것을 돕는 일'이 천명이라는 생각으로 창업을 결심했다고 합니다. 오키나와 현에 있는 생산공장에서 연두벌레의 대량 배양에 성공한 뒤, 이를 식용 분말로 가공해서 쿠키와 음료, 소금, 영양보조식품 등의 자사 제품을 생산, 판매함과 동시에 기능성 식품과 화장품 등을 제조하고 있습니다.

연료 활용으로도 큰 성과를 거두었습니다. 2021년 6월, 염원 사업이었던 바이오 제트 연료를 사용한 비행기의 비행에 성공하면서 2021년 역대 최대 규모인 344억 엔의 매출을 기록했습니다. 2022년 2월에는 이산화탄소를 배출하지 않는 차세대 바이오디젤을 사용한 철도차량의 주행시험에도 성공했습니다. "성장하면 할수록 사회가 좋아지는 사업을 만든다"라는 경영이념을 하나씩 실현해 나가며 사업 성장이 사회문제 축소로 이어질 수 있다는 것을 증명해 보이고 있습니다.

진화 ② 모두의 실패가 기회

사실 연두벌레는 이미 오래전부터 전 세계에서 연구가 진행되어 왔습니다. 일본에서는 1980년대부터 정부 주도하에 추진한 '뉴 선샤인 계획'의 일환으로 연두벌레의 대량 배양이 계획되었으나 모조리 실패로 끝난 바 있습니다. 때문에 연두벌레의 대량 배양은 불가능하다는 낙인이 찍혀 있었습니다. 이즈모 사장 역시 창업 초기에는 사회의 인정을 받지 못하며 몇 번이고 도산 위기를 경험해야 했습니다. 모두가 사업성이 없다고 비관하던 분야에서 그는 어떻게 성공할 수 있었을까요?

연두벌레는 영양 측면에서는 아주 우수한 장점이 있지만, 그 때문에 세균, 박테리아, 플랑크톤이 쉽게 번식한다는 단점도 있습니다. 제대로 자라기도 전에 외부 생물이 침투해 다 먹어치우기 때문에 대량 배양이 어려웠습니다. 천적을 배제하기 위해 클

린룸* 환경을 만들려고 했으나 불순물 제로 상태를 만드는 것은 거의 불가능에 가까웠고, 보다 철저하게 하려면 비용이 너무 많이 들어서 현실적으로 불가능했습니다.

이즈모 사장은 청정도를 높이려 했던 종래의 방식 대신 연두벌레에는 영향을 주지 않지만 그 이외의 생물은 살 수 없는 배양지를 만드는 방식으로 문제를 해결했습니다. 기술에 대한 자세한 설명은 베일에 가려져 있지만, 유글레나가 독창적으로 개발한 이 기술은 2019년 1월 'ASC-MSC해조류인증'을 취득하며 우수성을 인정받았습니다. ASC-MSC해조류인증은 지속가능한 친환경 양식 국제 인증제도로 환경과 사회를 배려한 책임 있는 방식으로 생산된 수산물을 대상으로 부여되고 있습니다. 뿐만 아니라 유글레나는 2013년에는 일본 벤처 어워드 최우수상 경제산업대신상에 이어 같은 해 다보스포럼에서 이즈모 사장이 '영 글로벌 리더 2012'에 선정되는 영광을 안기도 했습니다.

진화 ③ 꿈을 현실로

유글레나는 2014년 4월 연두벌레가 들어간 쿠키를 방글라데

---

* 먼지가 없는 방, 청정 공간을 의미한다. 제품이나 기술이 고도화된 업종에서는 품질관리를 위해 환경을 적절하게 제어하는 것이 필요한 경우가 많다.

시 어린이들에게 무상으로 제공하는 '유글레나 건강 프로젝트'를 시작했습니다. 현지에서 급식이 없는 초등학생들에게 배급하고 정기적으로 건강검진을 하면서 영양 개선을 도모할 목적으로 진행되었습니다. 이즈모 사장이 대학교 1학년 때 결심했던 생각을 실현시키는 순간이었습니다.

이즈모 사장은 "이 세상에 쓸모없는 것은 없다"라고 말합니다. 연두벌레와 같이 어디에나 존재하는 미생물이 지구를 구할 수 있듯이 세상의 모든 존재에는 의미가 있다는 의미입니다. ESG 가 경영의 필수조건으로 부상한 요즘, 규모가 아니라 우리 사회가 필요로 하는 존재가 되는 것, 지속가능한 기업을 만드는 핵심이 아닐까요?

돈으로 살 수 없는 가치

마루다이 운수

조직을 리드하기 위해 가장 중요한 것은
사장이 성장하는 자세를 보이는 것.

10년 전 거액의 부채를 안고 도산 위기에 빠졌던 회사를 극적으로 회생시킨 여성 경영인이 주목받고 있습니다. 특히 남성 중심 업계로 알려져 있는 물류업계에서 이례적인 일이라고 여기며 그 기업의 행보에 관심이 쏠리고 있습니다. 바로 마루다이 운수를 이끌고 있는 아키모토 사장 이야기입니다. 어떤 방법으로 기업을 정상화시키는 데 성공했을까요?

보장된 미래 대신 가업을 택하다

1958년에 창업한 마루다이 운수는 오다하라 시에 10개의 거점을 가진 종업원 260명 규모의 중소기업입니다. 아키모토는 창업자인 조부를 이어 3대 사장으로 회사를 이끌고 있습니다. 사실 그녀는 2014년까지만 해도 운수업과는 거리가 멀었습니다. 대학 졸업 후 게임 회사에 입사해 사내 창업 기회까지 얻을 정도로 능력 있는 직원이었습니다.

하지만 2015년 당시 회사를 이끌던 숙모로부터 걸려온 전화 한 통이 아키모토 사장의 운명을 바꿔놓았습니다. 도움이 필요하다는 말에 회사를 찾았을 땐, 회사는 거액의 부채를 떠안고 도산 위기에 놓여 있었습니다. 결국 그녀는 다니던 직장을 바로 그만두고, 마루다이 운수 부사장으로 합류해 재무개혁의 중책을 맡게 됩니다.

진화 ① 수익률이 낮은 물류회사만의 과제

회사의 경영이 어려워진 이면에는 '비용이 들어가는 만큼의 이익을 창출하지 못한다'라는 물류회사 고유의 과제가 자리 잡고 있었습니다. 드라이버 1명을 채용하는 데 약 30만 엔의 인건비가 들어가는 반면, 연료비, 차량 정비 비용 등을 절약하는 것은 한계가 있었던 겁니다. 하지만 그 무엇보다 심각한 문제는 매출이 꾸준히 발생하고 있음에도 적자가 몇 년째 지속되고 있다는 점이었습니다. 당시 경영진이 '매출 지상주의'에 매몰되다 보니, 고객으로부터의 거래정지를 우려해 가격 협상을 할 수 없는 상태였던 겁니다.

이런 과제를 해결하기 위해 아키모토 사장은 가장 먼저, 채산이 맞지 않는 고객과의 가격 협상에 나섰습니다. 가격 인상을 이유로 거래를 중단하겠다는 고객을 설득하면서도 터무니없는 조건을 제시하는 경우 과감히 정리해 나갔습니다. 그러면서 생산성을 높이려는 노력으로 복수의 고객이 의뢰한 화물을 한 대의 트럭에 합쳐 적재효율을 높이는 방법으로 수송비용을 아꼈습니다. 모든 사무소의 손익계산서를 각각 확인해서 줄일 수 있는 경비도 찾아냈습니다. 절전은 물론 문구 구입 하나하나도 필요한지 다시 검토하는 등 비용절감을 위해 할 수 있는 모든 일을 했다고 합니다.

풀어야 할 과제는 이뿐만이 아니었습니다. 아키모토 사장은 입사 당시부터 '회사가 하나의 팀과 같은 일체감이 없다'라고 느꼈다고 합니다. 원인은 카리스마가 있는 경영자였던 조부가 돌아가신 후 내부 분열이 일어나고 있었기 때문입니다. 남성 중심의 물류업계에서 여성이 임원이 되었다는 점이 반발을 산 데다, 파벌이 다른 직원들은 아키모토 사장에게 말조차 붙이지 않는 알력이 생기고 있었습니다.

5년간 부사장으로 일하며 성공적으로 재무개혁을 이뤄낸 아키모토는 2020년 사장에 부임합니다. 그녀는 곧바로 조직 재편에 나섭니다. 실적 회복을 위해서는 근본적인 구조개혁이 필요하다고 판단하고, 임원의 약 80퍼센트를 교체했는데, 인재등용에서 가장 우선적으로 고려한 것은 '조직을 위해 스스로 움직이는 매력이 있는 직원'이었다고 합니다.

주체적으로 직원들이 행동하는 조직을 만들기 위해 새로운 인사제도도 도입했습니다. 상자의 일방적인 평가만이 아니라 부하직원과 동료가 함께 평가하는 '360도 평가' 제도를 도입했고, 익명으로 의견과 아이디어를 투고할 수 있는 '투고함'을 설치하는 등 개선을 위한 제안 활동에 힘을 쏟았습니다.

아키모토 사장은 "직원 한 사람 한 사람이 스스로 과제해결 방법을 생각하는 기회를 주고 있다. 단순히 상사 지시에 따르는 것만으로는 성취감은 물론 일에 대한 설렘을 느낄 수 없다. 우격다짐으로 사람은 움직이지 않는다. 따뜻한 관점으로 보살피면 사람은 양심에 눈을 뜨고 스스로 행동하게 된다"고 말합니다.

진화 ③ 여성 인력에 주목하다

마루다이 운수가 일본 운수업계에서 주목받는 또 다른 이유는 여성의 적극적인 채용입니다. 마루다이 운수는 현재 직원 260명 중 66명이 여성입니다. 아키모토 사장은 특히 여성 관리직을 양성하는 데 힘쓰고 있습니다. 그녀는 "여직원들은 기회가 주어져도 관리직을 망설이는 경우가 많은데, 그들의 고민은 과거 나와 다르지 않았다. 내 경험을 살려 지원과 기회를 제공해 잠자고 있는 재능이 꽃피울 수 있다면, 그들의 성장이 곧 회사의 성장으로도 이어진다고 생각한다"는 것이었습니다.

아키모토 사장은 이런 노력에 힘입어 8년 만에 10억 엔의 부채를 모두 갚고 도산 직전까지 갔던 회사를 연간 매출 25억 엔의 기업으로 재탄생시키는 데 성공합니다.

조직을 리드하기 위해 가장 중요한 것은 "사장이 성장하는 자세를 보이는 것"이라고 말하는 아키모토 사장. 인구감소로 인한 노동력부족, 온라인 이커머스의 급격한 성장, 물류 간소화 및 자동화, 비접촉화 등 대변혁의 시기를 맞고 있는 일본 물류업계에서 마루다이 운수가 또 어떤 진화를 해 나갈지 기대가 됩니다.

행동하지 않으면
아이디어가 아니다

──┤ 기업사례 #21 ├──

베넥스 VENEX

사람의 손을 빌리지 않고 욕창을 예방할 수 있는 방법이 없을까 생각하고
조사해보니, 원래 고령자는 자율신경 움직임이 좋지 않고 대사도
나쁘다는 것을 알게 되었다. 자율신경을 자극해서 활발하게 하면 좋지 않을까?

일본에서는 수면 장애를 겪는 사람이 늘어나면서 '질 높은 잠',
이른바 꿀잠을 위한 다양한 상품들이 등장하는 등 수면산업의 규
모가 확대되고 있습니다. 이런 상황에서 크게 주목을 받는 제품
이 있습니다. 바로 입는 것만으로 숙면에 도움을 주는 옷, '리커
버리 웨어'입니다. 2009년 세계 최초로 개발해, 135만 장 이상의

판매 실적을 올리며, 일본 수면시장의 아이콘으로 떠오르고 있습니다.

진화 ① 피로를 풀어주는 옷

리커버리 웨어는 베넥스가 2년에 걸친 개발과정을 거쳐 2009년에 세계 최초로 개발한 제품입니다. 백금과 수십 종류의 광물을 일정 비율로 배합한 특수 소재 'PHT_{Platinum Harmonized Technology}'에서 나오는 특수주파수의 전자파가 부교감신경에 작용해, 입고 자는 것만으로도 혈액순환을 돕고, 피로회복과 숙면을 돕는다고 합니다. 원래 피로회복이 늦어지는 원인은 자율신경이 흐트러지기 때문이라고 합니다. 리커버리 웨어는 부교감신경을 자극해 무너진 자율신경의 균형을 회복시켜 피로회복을 돕는다고 합니다. 실증실험에서도 부교감신경의 변화 평균치는 미착용 상태보다 2배 정도 향상되는 것으로 나타났습니다.

베넥스 자체 조사에 따르면 이용자의 95퍼센트가 효과를 실감했다고 합니다. 특히 운동선수와 같이 일상적으로 힘든 신체활동을 하는 사람들의 평가가 특히 높다고 합니다. 실제 이 제품이 히트상품이 되는 계기가 되었던 것도 격투기와 럭비 선수들을 통해서였고, 그 효과가 입소문을 타고 확산하면서 인기 상품이 되었습니다.

비전공자의 아이디어

베넥스를 이끌고 있는 나카무라 사장은 사실 이공계 출신이 아닙니다. 창업 전까지 그는 중소규모 경영 컨설팅 회사에서 근무하던 평범한 직장인이었습니다. 요양병원 설립을 지원하는 업무를 하면서 욕창으로 고생하는 중증 환자를 접한 것이 창업의 계기가 되었다고 합니다.

나카무라 사장은 "사람의 손을 빌리지 않고 욕창을 예방할 수 있는 방법이 없을까 생각하고 조사를 해 보니, 원래 고령자는 자율신경 움직임이 좋지 않고 대사도 나쁘다는 것을 알게 되었다. '자율신경을 자극해서 활발하게 하면 좋지 않을까?'라는 아이디어가 리커버리 웨어의 시작이었다"라고 말합니다.

진화② 될 때까지 한다

2005년 컨설팅 회사를 그만두고 베넥스를 설립한 그는 미립자 금속의 재료 업체 등을 찾아다니며 아이디어를 구체화해 나갔습니다. 우연히 소개받은 도쿄공업대학 연구자가 이 아이디어에

흥미를 보이면서 적극적으로 협력해 주었고 PHT 소재 개발에 성공하게 되었다고 합니다.

하지만 이후 난관이 이어졌습니다. 옷을 만들기 위해서는 PHT를 섞어 섬유로 만들어야 하는데, 이 작업이 쉽지 않았던 겁니다. 대규모 소재 업체와 소재 전문 종합상사 등을 만나 논의를 했지만 금속을 섞으면 섬유가 망가진다며 상대조차 해주지 않았습니다. 30여 개 회사로부터 거절을 당한 끝에 공동 개발에 응하겠다는 나노소재 개발업체를 만날 수 있었고, 금속과 폴리에스테르를 섞은 직경 6밀리미터 입자를 만드는 데 성공할 수 있었습니다.

다음 문제는 만들어낸 PHT가 함유된 섬유를 어떻게 천을 짜서 완성시키는가였습니다. 미세하기는 하지만 섬유에서 금속이 튀어나와 있어 실을 짜는 바늘이 부러지고 섬유가 잘려 나가는 현상이 나타났기 때문입니다. 나카무라 사장은 대량생산을 하는 자동화 기계 대신 아날로그 방식의 오래된 기계를 사용해 이 문제를 해결했습니다.

진화 ③ 전화위복이 쏘아 올린 성공

베넥스가 이렇게 힘겨운 과정을 거쳐 처음으로 만든 제품은

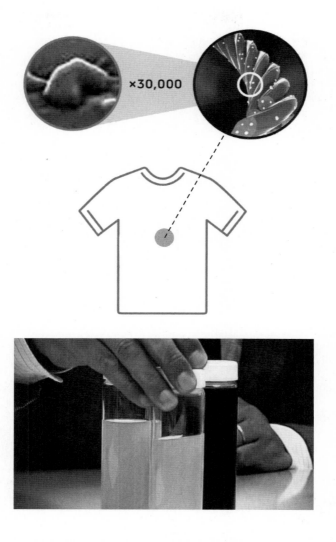

30여 개 회사로부터 거절을 당한 끝에서야 공동 개발에 응해주겠다는 나노소재 개발업체를 만날 수 있었고, 금속과 폴리에스테르를 섞은 직경 6밀리미터의 입자를 만드는 데 성공했다.

욕창 예방용 침대 매트리스였습니다. 중증 환자들에게 획기적인 제품이 될 것이라고 기대했지만, 전혀 팔리지 않았습니다. 침대 매트리스에는 분명히 부교감신경을 자극하는 효과가 있었지만 10만 엔이라는 고가 매트리스를 고령자 가족 누구도 구매하려고 하지 않았습니다. 결국 나카무라 사장은 매트리스를 포기하고 요양보호사 등 야근이 많은 업종을 대상으로 한 피로회복 티셔츠를 제작했습니다.

바로 여기서 생각지도 못한 전개가 시작되었습니다. 헬스클럽 체인사업을 하는 대기업이 관심을 보이며 회원들에게 팔고 싶다고 주문을 넣은 겁니다. 2009년 '케어 웨어'라는 이름으로 헬스클럽 두 곳에서 시범적으로 판매를 시작한 것이 대성공을 거두면서, 40개 헬스클럽 모두에서 판매하게 되었는데요. 이런 성공에 힘입어 베넥스의 케어 웨어는 순식간에 월매출 수백 만 엔을 올리는 히트상품이 됩니다.

게다가 같은 해 베넥스는 가나가와 산업진흥센터의 신규성 장산업 사업가 촉진사업 대상에 선정되어 도카이대학과 산학관 연계사업으로 운동 후 휴식에 특화한 의류를 개발했습니다. 도카이대학이 피로회복을 뒷받침하는 실증실험을 진행해 우수한 결과가 나옴으로써 2010년 '리커버리 웨어'의 본격적인 판매를 시작할 수 있었습니다. 이후 운동선수들 사이에서 입소문이 퍼지면서 찾는 사람들이 늘어났고, 도쿄 신주쿠 소재의 이세탄 백화점에 입점한 뒤에는 스포츠웨어 판매 1위로 올라서며 일반인에게도 확산되는 계기가 되었습니다. 뿐만 아니라 2013년에는 리커버리 웨어가 독일에서 개최된 세계 최대 스포츠용품 전시회ISPO의 상품 콘테스트에서 '혁명적인 스포츠 의류'라는 평가를 받으며 일본기업 최초로 최고상을 수상하기도 했습니다.

안정적인 경영을 추구할수록 리스크를 부담하는 새로운 영역으로의 진출은 주저하게 됩니다. 하지만 행동하지 않는 아이디어는 실패의 소중한 경험은 물론 아무런 성과도 기대할 수 없습니다. 작은 아이디어로 리커버리 웨어라는 거대한 새로운 산업을 만들어 낸 나카무라 사장처럼 머릿속에 머물러 있는 아이디어가 있다면 지금 바로 실행에 옮겨 보시면 어떨까요?

불역유행
경영 원칙
3.

본질은 변하지 않는다

30년 불황을 견딘 일본 강소기업의 생존 공식

개발이 아니라
개선

사양산업에도
돌파구는 반드시 있다

100년을 지속하는 기업에게 전통이란 부족하거나 잘못된 것을 고치며
날마다 새롭게 쌓아 올리는 것입니다. 즉 개발보다는 개선이 먼저인 셈입니다.

일본의 강소기업은 '카이젠Kaizen(개선)'을 빼놓고 다룰 수 없습니다. 특히 제조업 분야가 그렇습니다. 1980년대 후반 영국 옥스퍼드 영어사전에 등재된 일본어 'kaizen'은 일본 제조업 생산 현장의 지속적인 효율화를 통해 생산성과 품질향상을 높이는 뜻으로 쓰입니다. 따라서 보통은 '개선 활동'이라고 표현합니다. 1980년대 미국의 주요 경영대학에서 일본 제조업의 경쟁력을 연구하면서 등장한 'kaizen'은 그 이후 일본 제조업의 중요한 요소 중 하

나로 인식되며 일본 국내외로 확산되었습니다.

특히 도요타자동차는 생산방식에서 'kaizen'을 핵심적인 기본개념으로 여기며, 작업자의 지혜를 생산설비에 접목시켜 동일한 설비를 사용하는 경쟁사보다 더 나은 품질의 자동차를 만들어 내는 데 성공했습니다. 여기서 무엇보다 중요한 것은 바로 '개선의 지속'입니다. 개선은 한 번 했다고 해서 끝나는 것이 아니라 연이어서 개선을 해 나가는 지속성이 중요하며 반드시 필요합니다. 또한 개선은 누군가의 지시에 의한 것이 아니라 작업자 스스로가 반복되는 궁리 끝에 얻어지는 지혜로 작업방식을 바꾸는 것이 핵심입니다.

위기를 돌파하는 모든 과정을 기회로

지속가능성을 높여나가고 있는 일본의 강소기업은 이러한 개선의 결과로 얻어진 것입니다. 이 세상에 없는 새로운 것을 갑자기 개발해서 강해진 것이 아닙니다. 기존의 것을 기반으로 하지 않고 새로운 아이디어나 기술을 도입하여 새로운 것을 만들어 내는 과정을 경험한 것이 아닙니다. 이들은 기존의 것을 더 나아지게 만드는 것에서 벗어나는 전략을 짜는 경우는 극히 드뭅니다. 따라서 주로 현재의 제품과 서비스를 향상시키는 것을 목표로 합니다. 작은 변화를 반복하며 단계적으로 효율성, 제품, 생산성, 비용 등을 바꿔나갑니다. 즉 신제품 개발은 기존 제품의 개선을 통해 이루어집니다. 개선의 반복은 자연스럽게 숙련된 기술자 즉 장인을 육성하게 되고, 제조경쟁력이 높아지는 과정이 내부에 축적됩니다.

이들 강소기업의 진화과정을 보면 시장이 포화 상태라든지 산업이 사양화되었다는 것은 경영하기 어렵다는 한낱 평계에 불과할 뿐 부단한 개선 작업을 통해 변화하지 않았다는 것을 단번에 알게 해 줍니다. 생산하던 제품이 시장에서 완전히 사라지지 않는 한 제품의 진화는 거듭됩니다. 개선하느냐 안 하느냐의 문제일 뿐입니다.

장점을 최대한 활용하려면 경계를 넘어야 합니다

강소기업이 아닌 대기업이지만 보유한 역량의 가치를 극대화시켜 성공한 사례로 일본에서 자주 거론되는 기업이 있습니다. 바로 일본을 대표하는 식품회사 중 하나인 아지노모토입니다. 아지노모토 역시 100년 넘는 역사를 자랑하는 장수기업입니다. 1800년대 후반 독일에서 유학을 마치고 돌아온 이케다 기쿠니에

박사가 1909년 창업했는데, 창업 아이템은 다름 아닌 '조미료'였습니다. 화학 박사인 이케다는 해조류인 다시마에 들어있는 '글루탐산'이 감칠맛의 근원임을 발견하고는, 글루탐산을 활용하면 감칠맛을 내는 조미료를 만들 수 있을 것이라 생각했습니다. 우리에게는 '미원'이라는 상품으로 잘 알려진, 이른바 'MSG'조미료가 탄생한 것이었습니다. '아지모노토'라는 사명도 본래 일본어로 '맛의 요소, 맛의 근원'이라는 뜻입니다.

코로나 19 팬데믹에 따른 세계 공급망 문제로 반도체 대란이 벌어졌던 때를 기억하시는 분 많으실 겁니다. 자동차용 반도체는 물론, PC나 노트북, 게임기 등의 핵심 부품에 활용되는 반도체 공급에 차질이 생겼었습니다. 반도체 공급이 원활하지 못했던 가장 큰 원인 중 하나는 반도체 칩에 필수적으로 사용되는 '회로기판' 부족 때문이었습니다. 더 정확히는 회로기판의 핵심 소재인 '절연 필름' 부족 때문이었습니다. 이 절연 필름은 사실상 일본의 한 기업이 세계 시장의 공급을 좌지우지하고 있는 것으로 알려졌는데, 그 주인공이 바로 전 세계 절연 필름 시장의 80퍼센트를 차지하고 있는 '반도체 업계의 히든 챔피언'으로 떠오른 아지노모토입니다.

조미료 만들던 회사가 어떻게 미래 성장 동력으로 가장 주목받는 반도체산업의 히든 챔피언이 될 수 있었을까요. 사실 아지노모토는 매우 오랫동안 본업에 충실하며 핵심역량 확보에 집중했습니다. 1909년 세계 최초로 글루탐산나트륨 대량생산 특허를 출원하며 조미료를 식품 시장에 내놓은 이래, 끊임없는 연구개발을 통해 독창적인 조미료 제품을 출시했습니다. 이때 확보한 기술이 바로 '아미노산' 합성 기술이었습니다. 글루탐산은 아미노산 종류 중 하나입니다. 글루탐산을 구성하는 아미노산을 다루다 보니, 조미료와 식품 발효를 위한 아미노산 기술을 발전시켜 나갈수 있었습니다. 그러던 중 개발한 것이 바로 '절연체'였습니다.

1970년대에 MSG를 만들고 난 뒤 생기는 부산물 중 코팅제로서 우수한 성질을 가진 물질이 있었는데, 이걸 활용한 절연체개발을 시작했고, 이 기술이 현재 반도체와 바이오 소재의 핵심기술 중 하나인 '아미노 사이언스'로 발전시켜 나가는 데 중요한역할을 하게 된 것입니다. 1970년대, 반도체 시장의 성장 가능성을 간파한 아지노모토는 전자재료에 관한 연구개발에 나서며 반도체 소재 분야로까지 사업 범위를 확장했습니다. 아미노산 합성기술을 기반으로 필름 형태의 절연재료를 개발한 것입니다.

잘하는 것을 더 잘하는 것

도요타 생산방식의 효용성에 대해 언급되는 경우는 현저히 줄었지만, 일본 강소기업에서 나타나는 개선 활동이 갖는 유용함은 넘쳐납니다. 개선은 현상을 긍정적인 관점에서 개량을 보태는 것에서부터 시작합니다. 그런 의미에서 현상을 부정하는 것에서 시작하는 개혁과는 다릅니다. 정해진 것을 더 잘하기 위해 치열하게 생각하고, 제품, 마케팅, 개발과정, 인재육성 등 지금까지 해왔던 것을 더 효율적으로 하기 위해 궁리하는 것이 개선입니다.

개선은 지금 하고 있는 것에 대한 의심에서 비롯되는 경우가 많습니다. 왜 이렇게 하는 걸까? 이 방법이 최선일까? 수많은 "왜?"가 모여야 변화가 일어나고, 그 결과가 성과로 이어질 공산이 커집니다. 매일매일 쌓아가는 개선 활동이 모여 언젠가 세상을 놀라게 하는 개발로 이어집니다. 기업이 발전해 가는 과정에서 개선을 놓쳐서는 안 되는 이유가 바로 여기에 있는 겁니다. 여기서 소개하는 일본의 강소기업은 개선이 일상이 된 기업들입니다. 체질화되어 자신의 활동이 개선인지도 모르고 지내고 있을지도 모릅니다. 다만 개선은 위에서 내려오는 명령으로 실행되는 것이 아닙니다. 작업자 스스로가 지혜를 짜내 바꿔 나가는 것이 가장 큰 특징입니다. 따라서 어떤 형태로든 동기부여가 일어날 수 있도록, 슬기로운 리더십이 필요합니다.

정한 것은 지킨다

야마다제작소

"우리는 특별한 것을 하는 것이 아닙니다. 당연한 것을 그냥 진심을 담아
진지하게 하는 것뿐이죠. 사실 3S 자체는 어렵지도 않고 아무것도 아니지만,
많은 회사들이 지속하지 못합니다. 규칙을 정하고도
경영자 스스로 예외를 만들어 무너뜨려 없애 버리기 때문입니다."

종업원 20명도 안 되는 작은 규모지만, 매년 200개가 넘는 회사
에서 견학을 오는 기업이 있습니다. 바로 산업용 생산기기의 부
품과 의약품 제조장치 등을 가공하는 판금업체 야마다제작소입
니다. 이 회사가 이렇게까지 주목을 받는 이유는 무엇일까요?

진화 ① 비결은? 야마다식 3S

　야마다제작소가 주목받는 이유는 '3S'에 있습니다. 토요타자동차가 시작한 일본식 생산혁신 활동의 일환으로 우리나라에도 널리 알려진 '3정 5S*' 기억하시는 분이 많을 겁니다. 그것의 축소판이라고 할 수 있는 '3S'는 일본의 많은 제조업체들이 도입하여 활용하고 있는 정리, 정돈, 청소를 철저하게 하는 개선 활동을 말합니다. 그런데 이제와서 새삼스럽게 또 '3S'냐고 생각하시는 분이 많으실 겁니다. 이 회사가 하는 '3S'의 철저함은 차원이 다릅니다.

　'야마다식 3S'는 토요타의 방식과는 그 목적과 정의가 크게 다릅니다. '안전한 직장, 쾌적한 직장, 효율적인 직장을 만드는 것'을 목적으로 삼고, "지킬 것을 정하고 정한 것은 지킨다"라는 기업이념을 최고의 가치로 삼고 있습니다. 보통 공장에서 '정리'라고 하면 필요한 것과 필요 없는 것으로 나누는 것이 일반적이지만, 야마다제작소는 이를 총 4가지로 구분하고 있습니다. '필요한 것生品'은 4시간 이내에 필요한 것, '급하지 않은 것休品'은 5일

●　3정이란 정품, 정량, 정위치를 뜻하는데 쉽게 말해 '각 물건이 어디에(정위치), 무엇을(정품), 얼마만큼(정량) 있는지를 누구라도 쉽게 알 수 있도록 한다.'는 뜻이다. 5S는 정리정돈을 통해 3정을 이루는 구체적인 방법이다.

'야마다식 3S'는 "안전한 직장, 쾌적한 직장, 효율적인 직장을 만드는 것"을 목적으로 삼고, "지킬 것을 정하고 정한 것은 지킨다'라는 기업이념을 최고의 가치로 삼고 있다.

이내에 필요한 것, '당분간 필요 없는 것長休品'은 6개월 이내에 필요한 것, '필요 없는 것死品'은 6개월 이상 사용하지 않는 것으로 구분하는데, 사품死品이라고 판단되면 아무리 고가의 물품이라고 곧바로 폐기합니다.

다음으로 야마다제작소에서는 '언제든지 누구라도 필요한 것을 곧바로(60초 이내) 꺼내 쓸 수 있도록 배열해 두는 것'을 기본으로 하고 있습니다. 그러기 위해서 다음과 같은 '5돈頓'을 철저히 지키고 있습니다. 즉 정위치, 정량, 정방향, 표시, 표식입니다. 공장 안에 있는 모든 공구, 문구, 소모품, 청소도구 등은 5돈에 따라 정돈되어 있습니다. 공구에는 이름을 표시하고 되돌려 놓는 장소에는 표식이 있습니다. 공구를 사용할 때는 사용자의 명찰을 그 장소에 붙여 놓습니다.

진화 ② 기본에 충실하다

야마다 사장은 "우리는 특별한 것을 하는 것이 아닙니다. 당연한 것을 그냥 진심을 담아 진지하게 하는 것뿐이죠. 사실 3S 자체는 어렵지도 않고 아무것도 아니지만, 많은 회사들이 지속하지 못합니다. 규칙을 정하고도 경영자 스스로 예외를 만들어 무너뜨려 없애 버리기 때문입니다"라고 말합니다.

진화 ③ 절실함이 부른 3S

야마다 사장이 이렇게까지 3S활동을 철저하게 지키게 된 데는 과거의 경험에서 얻은 교훈 때문입니다. 야마다 사장의 부친은 1959년 회사를 창업해 필사적인 노력으로 사세를 확장해 나갔는데요. 1994년 야마다 사장이 합류한 후에도 하와이로 직원 여행을 다녀올 정도로 충분한 이익을 내고 있었죠. 그러나 이듬해 상황이 급변합니다. 수주 물량의 절반을 차지하고 있었던 리튬전지 부품과 관련한 일이 시장 상황 악화로 급감한 건데요. 월 매출이 95퍼센트나 줄어들면서 회사는 최대 규모의 적자로 전환되었죠.

다급해진 야마다 사장은 신규고객 개척을 위해 동분서주 뛰어다녔지만 돌아오는 답은 거절뿐이었는데요. 이유는 한 가지였습니다. "당신 회사만의 강점과 특징이 안 보인다"는 것이었죠. 그러던 중 야마다 사장은 우연히 참석한 한 세미나에서 3S를 알게 되었다고 하는데요. 순간 그의 머릿속에 떠오른 건 3S와는 거리가 먼 공장의 모습이었다고 합니다. 당시 야마다 사장의 공장은 오랫동안 쌓인 기름때와 쇳조각이 엉켜, 바닥이 콘크리트인지 흙인지도 분간할 수 없는 상황이었죠.

이거라도 '죽을 힘을 다하면 뭔가 바꿀 수 있지 않을까?'라고 생각한 그는 1999년 2월 조례에서 3S 도입을 선언합니다. 대부분의 직원들이 반대했지만, 야마다 사장은 강행을 선택했습니다. 스스로 나서서 공장을 청소하고, 정리했죠. 이런 그의 모습에 직원들도 조금씩 동참하기 시작하면서 공장 전체를 탈바꿈하는 데 성공합니다.

3S 활동은 생산성 향상으로 이어지며 잔업을 줄이는 효과를 가져왔습니다. 사실 3S 야마다제작소는 베테랑 직원들을 중심으로 장기간 노동이 고착되어 있었습니다. 2010년 평균 잔업시간이 50시간, 연차유급휴가 신청률은 4퍼센트에 불과했죠. 밤늦게까지 잔업을 하거나, 주변 공장이 쉬는 휴일에도 출근하는 것은 '바빠서 벌이가 좋다는 증거'라고 여기는 우월감이 있었기 때문이라는데요. 하지만 3S를 도입한 이후 2019년에는 월평균 잔업시간을 33시간까지 줄일 수 있었고, 월평균 잔업시간을 20시간 이하로 줄이는 것이 최종 목표라고 말합니다.

야마다 사장은 "수주량은 매년 늘어나고 있습니다. 업무 증가와 잔업시간이 비례하지 않는 것이 개선의 효과라고 생각합니다. 3S 활동을 바탕으로 생산관리를 할 수 있게 되었기 때문에 대응이 가능해졌다"라고 말합니다. 또한 3S 활동을 견학하러 왔던 기업이 거래처가 되는 사례도 매년 늘어나고 있다고 하는데요.

수많은 제조 공장에서 하고 있는 3S 활동을 계기로 야마다제작소는 커다란 변화를 일으키는 데 성공했습니다. 필요하지만 적당히 하고 있는 일은 없는지 주변을 돌아보는 계기가 되셨으면 합니다.

민얼굴을 지켜라

아큐라이즈

전화응대에 감격한 고객이 직원 앞으로 감사 편지와 과일 등
여러 가지 선물을 당사로 보내준다. 서비스업인 만큼 고객 만족은 당연하다.
깜짝 놀라 감동할 수 있는 서프라이즈를 제공하는 것이 중요하다.

한때 팬데믹으로 마스크 착용이 당연해지면서 일본에서 역시 화
장품 소비가 크게 줄어들었습니다. 하지만 스킨케어 화장품의 구
입 빈도는 늘어나고 있고, 점차 고가 제품으로 시장의 판도가 재
편되는 움직임을 보이고 있습니다. 이런 상황에서 최근 30~50대
여성들의 인기를 한 몸에 받으며 부상하고 있는 기업입니다. 직

원 수 50명이 채 안 되는 작은 기업이지만 확실한 콘셉트로 시장의 새바람을 일으키고 있습니다.

진화 ① **화장이 싫은 사람들을 위한 화장품**

아큐라이즈는 화장이 피부에 맞지 않거나 화장을 싫어하는 여성들에게 절대적인 지지를 얻고 있습니다. 주력제품은 세안용 비누, 팩, 보습크림의 기본 3종세트로 모두 자체 기술로 만든 농축액 '초근목피草根木皮 액'이 배합되어 있습니다. 초근목피액에는 금은화와 현삼 등 엄선한 10가지 허브가 함유되어 있습니다. 피부의 각질층에 보습성분을 침투시켜 피부표면의 세세한 결을 지키는 것이 핵심입니다. 이뿐만 아니라 약선응용연구소를 설립하여 체질과 계절에 맞는 음식 레시피에 대한 연구도 하고 있습니다. 식사도 아름다운 피부를 유지하는 기본이라고 생각하기 때문입니다.

진화 ② **진정한 아름다움을 찾아서**

아큐라이즈의 경영철학은 '민얼굴의 아름다움을 지킨다'입니다. 여기에는 창업자인 미나미자와 사장의 경험이 담겨 있습니다. 고등학교를 졸업한 후 화장품 대기업의 방문판매원으로 일했던 미나미자와는 우수한 영업 실적으로 줄곧 판매왕 자리를 지켰다고 합니다. 비결은 '직접 써본 화장품만 추천한다'는 자신만의 원칙에 있었습니다. 미나미자와는 신제품이 출시되면 고객에게 추천하기 전에 꼭 화장품을 자비로 구입해 써봤다고 합니다. 미나미자와는 매일 아침 2시간씩 걸리는 풀메이크업을 하고 출근했습니다. 덕분에 제품의 장단점을 잘 파악할 수 있었고, 좋다고 느낀 제품은 타사 제품이라고 하더라도 고객에게 추천하는 등의 방법으로 신뢰를 얻어 나갔다고 합니다.

하지만 문제는 생각지 못한 곳에서 발생했습니다. 미나미자와의 피부가 점점 거칠어지고 새빨갛게 부어오르기 시작한 겁니다. 이를 계기로 그녀는 '피부를 위한 스킨케어란 무엇인지'를 깊이 생각하게 되었다고 합니다.

미나미자와는 2001년 34살에 퇴사를 결정하고 해답을 찾아 나섭니다. 이윽고 피부 건강을 지키기 위해서는 대사代謝와 보습이 필요하다는 것을 알게 된 그는 제품개발의 재료로 동양 허브, 즉 로컬에서 자라나는 약초에 집중합니다. 동양 허브의 원조를 찾아 중국으로 달려간 그녀는 난징의 약과대학 연구자와의 공동개발로 2003년 '초근목피액'을 만들 수 있었습니다. 이렇게 완성된 아큐라이즈의 제품은 첫 TV홈쇼핑에서 하루 만에 1억 엔의 매출을 올리는 기염을 토하기도 했습니다. 이제 창립 20주년이된 아큐라이즈는 2019년 말 60만 명의 회원이 사용하고 있습니다. 연간 매출은 2003년 창업 이후 지속적으로 성장해서 약 20억엔에 육박하고 있습니다.

진화 ③ 고객감동의 진수

아큐라이즈의 성공에는 판매방식도 한몫하고 있습니다. 아큐라이즈는 점포에서의 판매는 일체 하지 않습니다. 화려한 광고도하지 않습니다. 대신 통신판매용 카탈로그와 회원 전용 잡지에자사가 만든 홍보물을 동봉하는 방법을 통해 온라인 쇼핑몰과 통신판매로 이루어집니다.

매장에서 직원이 응대하며 판매를 전혀 하지 않기 때문에 콜센터에서 이루어지는 고객과의 전화 응대가 매우 중요합니다. 아큐라이즈는 이 부분에서도 자사만의 방식으로 경쟁력을 키워가고 있습니다. 콜센터에서의 서비스를 4단계로 구분하고, 이에 맞춰 고객을 응대하도록 교육하고 있습니다. 첫째, 상대의 말을 그대로 듣는 것, 둘째, 의사소통을 하면서 상대의 의도를 파악하는것, 셋째, 상대가 말로 표현하지 않더라도 뜻을 헤아려 배려하는것, 마지막이 행동해서 결과를 만들어내는 것입니다.

콜센터에서는 고객과의 상담을 통해 레시피를 보내주는 경우도 있습니다. 한 담당자는 전화 뒤로 들리는 아기 목소리를 듣고 고객의 요청이 없었지만 아기용 레시피를 제품과 같이 보내 큰 칭찬을 받기도 했다고 합니다. 제품을 보낼 때는 사용설명서는 물론 감사의 손편지를 보내는 것은 당연하게 생각합니다. 그리고 이런 대응에 감동한 이용자들의 재구매가 이어지면서, 매출 성장에 큰 기여를 하고 있습니다. 미나미자와 창업자는 "전화 응대에 감격한 고객이 직원 앞으로 감사 편지와 과일 등 여러 가지 선물을 당사로 보내준다. 서비스업인 만큼 고객 만족은 당연하다. 깜짝 놀라 감동할 수 있는 서프라이즈를 제공하는 것이 중요하다"고 강조합니다.

아큐라이즈의 최종 목표는 "모든 사람이 화장을 하지 않은 민낯을 즐기게 만드는 것"입니다. 화장을 하지 않는 사람들을 위한 화장품을 파는 일, 어찌 보면 아이러니해 보일 수 있지만, 새로운 시장을 만들어 낸다는 건 이런 아이러니에서 시작되는 것이 아닐까요? 새롭게 무언가를 시작하기 위해서 필요한 것은 무언가를 그만두는 것일지도 모릅니다. 새로운 시장 창출을 위해 지금 멈춰야 하는 것은 무엇인지 생각해 보시는 계기가 되었으면 합니다.

다시 일어서다

시로카

인건비를 줄이는 일을 하지 않았다. 고품질의 상품을 적정한 가격에
출시하기 위해서는 낭비를 없애는 것이 낫다고 판단했다.

도산 직전의 가전업체를 인수한 지 불과 2년 만에 매출을 두 배
가까이 끌어올리며 업계의 관심을 한 몸에 받고 있는 기업이 있
습니다. 바로 시로카라는 기업입니다. 위기를 넘어 매출 증가로
이어질 수 있었던 시로카의 비결은 무엇이었을까요?

　시로카가 일본의 생활가전 시장에서 주목을 받기 시작한 것은 지난 2014년부터입니다. 저가의 제빵기와 전자동 커피메이커는 물론, 일본에서 붐이 일어나기 전에 전기압력솥 등을 발 빠르게 제품화해서 신흥 백색가전업체로 두각을 보이기 시작했습니다. 회사의 성장 속도에 맞게 제품 라인업도 급격하게 증가했습니다. 2018년에 출시한 흙으로 구운 냄비를 사용한 전기밥솥은 이듬해 연간 매출액이 40억 원에 이를 정도로 초히트 상품이 되었습니다.

　그런데 이렇게 성장가도를 달리던 시로카에 문제가 발생합니다. 이 무렵 함께 출시했던 히터에서 발화 가능성이 확인되어 전량 회수 조치가 내려졌고, 무상 점검과 수리를 해야 하는 일이 생긴 겁니다. 결국 리콜 비용 등으로 14억 3,300만 엔의 순손실이 발생하면서 약 12억 엔의 채무초과에 빠지고 말았습니다. 당시 경영진은 자금을 끌어모으기 위해 동분서주했지만 아쉽게도 더 이상 경영을 지속하기는 어려웠습니다. 결국 시로카는 중소기업 재생지원협의회 주도로 재생과 경영쇄신이 이루어지게 됩니다.

　새로운 체제에서 시로카를 이끌게 된 것은 리콜 제품 회수와 점검을 도왔던 카나이 씨였습니다. 그녀는 대만의 한 가전기업에서 15년 이상 부사장을 역임하며 일본을 포함한 해외판매용 제품기획과 품질관리를 담당했습니다. 당시 지인의 소개로 시로카 제품의 리콜을 지원하게 되면서 내부사정을 알게 되었고, 회사를 매수해 줄 곳을 찾고 있다는 소식을 접했다고 합니다. 대규모 업체를 소개하는 방안도 생각했었지만 대기업 산하로 들어가면 비교적 제품의 개성이 강했던 시로카의 성장이 어렵다고 판단한 그는 펀드자금으로 시로카를 인수하게 됩니다.

사실 카나이 사장은 이전부터 시로카 전기밥솥의 우수성을 잘 알고 있었습니다. 밥을 잘 먹지 않는 자신의 조카가 시로카 밥솥으로 한 밥만 먹는 것을 직접 보았기 때문이었습니다. 뿐만 아니라 리콜업무를 지원하면서 어려운 상황에서도 회사를 살리기 위해 최선을 다하는 직원들의 모습을 보고 다시 일으켜 세울 수 있겠다는 확신이 들었다고 합니다. 게다가 리콜업무를 함께한 덕에 시로카의 강점과 약점을 알 수 있었고, 여기에 자신이 20년 이상 경험한 제품개발과 제조, 조달 등의 노하우를 조합하면 승산이 있다고 본 것이었습니다.

　회사를 인수한 카나이 사장이 가장 먼저 주목한 것은 '비용' 부분이었습니다. 시로카가 그동안 지속성장을 해온 탓에 판매관리비를 중심으로 고비용 체질이 굳어 있었던 것이 문제라고 보았기 때문이었습니다. 이를 해결하기 위해 카나이 사장은 지출 비용을 확인하면서 낭비 요소를 없애 나갔습니다. 다만 인건비를 줄이는 일만은 하지 않았는데, 고품질의 상품을 적정한 가격에 출시하기 위해서는 낭비만 없애도 된다고 판단한 것이었습니다.

　비용 절감과 더불어 제품개발 과정도 바꿔 나갔습니다. 첫 번째로 이 시스템이 적용된 제품은 오븐토스터였습니다. 기존에는 시장 상황을 반영하여 기획과 개발을 하고, 제품을 구체화하는 두 개 부문으로 이루어져 있었다면, 신생 시로카가 출범한 이후에는 전사적인 차원에서 제품을 개발하는 이른바 '신속 프로젝트'를 시작한 겁니다. 판매 현장을 담당하는 영업직원과 지원부서의 의견을 듣고, 각 부서가 가진 생각들을 모두 모아 납득이 갈 때까지 논의를 거듭했다고 합니다. 그 결과 제품에 대한 각 부서의 이해도가 높아져, 문제가 생겼을 때 개선하는 속도가 빨라지면서 제품의 완성도가 향상되었다고 합니다.

　새롭게 태어나기 위한 시로카의 노력은 신기술에 대한 적극적인 도전에서도 찾아볼 수 있는데요. 그동안 몇 건 안 되던 특허 건수가 2021년 한 해 동안 10건 이상으로 늘어났고, 2022년에도 10건을 초과했습니다. 종래의 시로카 제품은 디자인과 가격으로 틈새시장을 공략하는 전략이었으나 지금은 기술적인 우위를 내세운 제품개발이 돋보이는 기업 이미지로 탈바꿈했습니다.

　시로카 사장의 역량은 지난 팬데믹 위기에서도 빛을 발했습니다. 팬데믹이 한창이던 2020년 봄, 일본에서는 제빵기 수요가 폭발적으로 증가했지만 많은 업체가 단절된 중국의 수출 때문에 부품을 제때 조달하지 못해 제품을 제때 공급하지 못했습니다. 하지만 시로카는 중국 공장 사정에 정통한 카나이 사장의 인적 네트워크 덕분에 2020년 4~5월 제빵기 판매 실적을 전년 동기 대비 292퍼센트나 초과하여 달성할 수 있었습니다.

　고비용 체질에서 벗어나고 생산과 조달 체계를 개선하는 한편 전사적 차원의 신제품 개발로 신생 시로카의 매출은 비약적으로 증가할 수 있었습니다. 시로카가 새롭게 태어나기 직전이었던 2019년, 41억이었던 매출은 2021년 70.6억 엔으로 크게 상승했습니다. 회사가 가파른 성장을 이어가던 시기에 개발력과 품질, 안전관리 등이 이를 쫓아가지 못했던 것이 시로카의 위기를 자초했다고 볼 수 있습니다. '성장할 때가 바로 미래를 생각해야 할 때'라는 경영의 명제를 다시금 떠올리게 합니다.

노(老)동력의 힘

| 기업사례 #25 |

가토제작소

고령자 한 명을 젊은 사람 몇 명이 먹여 살려야 하는 사회,
원래부터 이런 발상 자체가 잘못된 것이 아닐까?
사회는 모두가 참여하여 서로 도와가며 만들어가는 것이다.

정년 70세 시대를 맞고 있는 일본에서 고령자 고용으로는 일본 최고라고 인정받는 기업이 있습니다. 산으로 둘러 쌓인 기후현의 작은 마을에 위치한 종업원 100여 명의 가토제작소입니다. 일본에서조차 고령자 고용이 흔하지 않았던 20년 전부터 60세 이상의 신규채용을 시작하면서 매출과 이익을 늘리는 데 성공했고,

지금은 이들의 작업현장을 보기 위해 견학하러 오는 기업이 끊이지 않을 정도라고 합니다.

진화 ① 정년은 또 다른 시작

가토제작소는 프레스가공 중에서도 가장 어렵다고 여겨지는 항공기 부품 관련 제품을 주로 만들고 있습니다. 그동안 고도의 기술력을 바탕으로 특화된 제품을 개발하며 순탄하게 경영할 수 있었습니다. 덕분에 불황의 여파가 전체 산업으로 번지던 지난 2001년경에도 주문은 줄어들지 않았지만, 거래처로부터 비용 절감과 납기단축의 압력을 받으며 대응에 어려움이 커지고 있었습니다.

그러던 어느 날 가토 사장 앞으로 추쿄가쿠인中京學院 대학의 지인으로부터 의식조사 결과서가 도착했습니다. 그 조사는 회사가 소재해 있는 나카츠가와中津川 시에 거주하는 고령자들이 일을 하고는 싶은데 일자리가 없다는 내용이었습니다. 그때 사토 사장은 획기적인 아이디어를 떠올립니다. 나카츠가와의 고령자들에게 토요일과 일요일에 일자리를 제공하여 공장의 가동률을 높이면 이익 확보에 도움이 될 거라는 거였습니다.

그러나 이런 획기적 아이디어에 대해 당시 사회적 반응은 따라가지 못하는 상황이었습니다. 지자체 직업소개소를 통해 고령자 고용을 시작하려고 했지만, 돌아오는 것은 '어렵다'는 반응이었습니다. 당시만 하더라도 일본 역시도 고령자를 고용하는 기업이 거의 없었기 때문에 직업소개소에 고령자가 찾아오는 경우가 드물다는 것이 이유였습니다.

가토 사장은 고민 끝에 스스로 신문에 구인 광고를 내고, 지원자를 찾기 시작했습니다. 전단지에는 '의식 있는 분을 모십니다. 단 60세 이상'이라는 문구와 함께, '정년은 또 다른 시작'이라는 말도 덧붙였습니다. 결과는 대성공이었습니다. 신문 전단지를 배포한 날부터 응모가 쇄도했으니까요. 며칠 만에 100명의 응모가 도착했고, 가토 사장은 총 15명의 고령자를 채용합니다. 그 지역 고령자들이 활기차게 일을 할 수 있는 직장을 찾고 있었다는 것이 증명되는 순간이었습니다.

진화 ② 작업환경 개선은 모두를 위한 것

그러나 예상 밖의 난관이 기다리고 있었습니다. 채용한 고령자는 '실버 직원'(지금의 '캐리어 직원')이라는 이름으로, 젊은 직원 한 명과 한 팀이 되어 업무를 익히는 것부터 시작했습니다. 처음에는 열의를 가지고 신중하게 일을 배우려는 자세를 보였지만, 반복해서 알려줘도 일의 능률을 끌어올리는 데 시간이 너무 많이 필요했던 겁니다. 불량품이 속출하고 급기야 젊은 직원에게 지적을 받은 한 고령자가 근무 중에 귀가해버리는 일도 벌어졌습니다.

이런 난관을 극복하기 위해 가토 사장은 작업환경을 개선하기 시작했습니다. 생산 개수를 알리는 경보 소리를 구분하기 쉽게 장치마다 다르게 바꿨고, 고령자가 익숙한 멜로디로 설정했습니다. 작업대는 작업자의 신장에 맞게 높이를 조절할 수 있도록 했습니다. 곳곳의 작업 안내판은 글씨를 크게 확대하고 일러스트를 넣어 알기 쉽게 했습니다. 지금도 역시 실버 직원들에게는 적극적으로 '개선 제안'을 하도록 장려하고 있습니다.

이렇게 작업환경을 개선하는 데 3천만 엔 정도의 큰 비용을 감수해야 했지만, 투자액은 실버 직원 채용에 의한 효율화로 충분히 회수가 되었다고 합니다. 실버 직원을 위한 설비개선은 결과적으로 모든 직원이 일하기 편한 환경으로 이어져 작업 효율이 크게 개선되었다고 합니다.

진화 ③ **편의점 같은 공장**

고령자 고용으로 가토제작소는 365일 가동하는 '편의점 같은 공장'을 실현할 수 있게 되었습니다. 긍정적인 효과는 이뿐만이 아니었습니다. 사내 분위기가 훨씬 밝아지면서 제품의 불량률도 감소했고, 무엇보다 현역 직원 스스로가 정년 이후에도 안심하고 일을 할 수 있게 되었다는 것이었습니다. 정직원 1.3명 정도의 급여로 고령자 15명을 고용할 수 있게 되면서 인건비를 대폭으로 절감하는 효과도 생겼습니다. 가토제작소의 이러한 성과가 알려지면서 주변 지역의 여러 기업이 고령자 고용에 적극적으로 나서고 있습니다.

가토 사장은 "고령자 한 명을 젊은 사람 몇 명이 먹여 살려야 하는 사회, 원래부터 이런 발상 자체가 잘못된 것이 아닐까? 사회는 모두가 참여하여 서로 도와가며 만들어가는 것이다"라고 말합니다. 사회적 제도가 마련되기에 앞서, 고령자 고용을 실행하는 데 가장 중요한 것은 경영자의 의지와 자세가 아닐까 싶습니다.

장수 제품의 비결

| 기업사례 #26 |

야마토

예상할 수 없는 것에도 대응하며 위기를 기회로 바꾸는 전략은
연속적인 혁신에서 찾을 수 있다

일본에는 오래된 기업만큼이나 오래된 제품도 많습니다. 출시한
지 120년이 넘은 지금도 일본에서 가장 많이 팔리는 문구용 풀
이야기입니다. 이 풀을 만드는 야마토라는 기업은 1899년 '보존
가능한 풀'을 깡통에 넣어 팔기 시작했고, 그 후 풀을 담는 용기
를 튜브, 유리, 플라스틱으로 진화시키며 성장해 왔습니다. 결코

불역유행 경영 원칙 3. 개발이 아니라 개선 | **203** |

비싼 제품이라고 할 수 없는 풀을 가지고 어떻게 지속해서 부가 가치를 창출하며 업계 최고의 자리를 지킬 수 있었을까요?

진화 ① **보존이 가능한 풀**

야마토의 역사는 1899년 도쿄에서 장작과 숯을 파는 장사를 하면서 시작되었습니다. 포장 봉지를 붙이기 위해 사용하는 풀이 금방 썩어버리는 것을 고민하던 초대 사장이 방부제를 사용해 부패하지 않는 전분풀을 개발하면서입니다. 독한 냄새를 없애기 위해 향료를 넣어 상품화했습니다. 풀의 무게를 달아 판매하던 것이 일반적이었던 당시 일본에서 처음으로 유리 용기에 담아 판매를 시작했습니다.

이렇게 개발된 풀은 높은 기능성 덕분에 회사는 물론 학교, 은행, 우체국 등으로 빠르게 확산되었습니다. 초대 사장은 상품명을 화살이 과녁에 적중한다는 의미의 '야마토矢的,ヤマト'로 짓고 가타카나로 표기했습니다. 메이지 시대 당시 사명이나 상표에 가타카나를 사용하는 것은 획기적인 일이었기 때문에 제품이 대중의 눈에 띌 수밖에 없었고, 야마도 풀이 소비자들에게 각인되는 데도 큰 도움이 되었다고 합니다.

그런데 사세를 확장해 가던 야마토에게 1939년에 최대의 위기가 닥치게 됩니다. 전시 체제에서 공포된 미곡배급통제법에 따라 쌀을 비롯한 옥수수 등 식료가 되는 전분 모두가 나라의 통제 하에 들어가면서 풀의 원료로 사용할 수 없게 되었던 겁니다. 어쩔 수 없이 야생 수선화과의 풀과 달리아의 구근에서 전분을 추출해 풀을 만들었다고 합니다.

그러나 풀의 품질을 종래와 같은 상태로 유지하는 것은 어려웠습니다. 개발진은 연구를 거듭하여 '가열'에 의한 기존 제조방법에서 화학 처리에 의한 비식품 전분을 혼합하는 기술을 고안해 냈습니다. 이 기술로 만들어진 제품은 기존 제품보다 접착력이 뛰어나고 열에 쉽게 녹지 않는다는 강점까지 갖고 있었습니다. 현재 야마토를 이끌고 있는 하세가와 사장은 "당시 새로운 제조방법을 개발하는 일은 뼈를 깎는 노력의 연속이었다고 들었다. 이러한 개발 정신이 그 이후 우리 회사의 창조적인 상품개발의 초석이 되고 있다"라고 말합니다.

야마토는 전분풀 말고도 또 하나의 장수 제품이 있습니다. 일본에서 호박색의 액상과 오렌지색의 뚜껑으로 유명한 '아라빅 야마토'입니다. 이 독특한 상품명은 1940년대까지 보급되었던 아라비아 고무수지를 주성분으로 한 아라비아 풀에서 유래되었다고 합니다. 다이쇼 시대부터 일본 국내에서 생산이 시작되었던 아라비아 풀은 병 끝에 스펀지를 부착시켜 거꾸로 하면 풀이 새어 나오는 구조로 되어 있어 손을 더럽히지 않고 풀칠을 할 수 있었습니다. 그렇지만 가격이 너무 비싸고 스펀지가 굳어 딱딱해지는 단점이 있어 널리 보급되지는 못했습니다.

그러나 일본이 1960년대에 고도경제 시기에 접어들면서 사업 환경은 급변하게 됩니다. 여성의 사회진출이 활발해지면서 사무실에서도 손을 더럽히지 않고 칠할 수 있는 풀의 수요가 급증했습니다. 이에 야마토는 서둘러 새로운 풀 개발에 착수합니다. 기존 아라비아 풀의 편리성에 더해 합성수지로 만든 풀의 매끈함을 조합하면 훌륭한 사무용 풀을 만들 수 있을 것이라는 것이 당시 개발진의 생각이었는데요. 하지만 개발은 쉽지 않았습니다.

가장 큰 문제는 풀을 얇고 균일하게 칠할 수 있는 구조를 만드는 것이었습니다. 스펀지 뚜껑은 도포면에 힘을 균일하게 가하

야마토의 대표상품인 '아라빅 야마토' 액상 풀. 스펀지 안쪽에 소쿠리 모양의 플라스틱이 액상 풀의 균질한 도포를 돕는다.

는 것이 어려워 단념할 수밖에 없었습니다. 암초를 만난 상품개발은 한 명의 우연한 번득임으로 급물살을 타게 됩니다. 개발직원이 주목한 것은 바로 '소쿠리'였습니다. 소쿠리는 가장 밑 부분에 강한 힘을 가하더라도 일정 강도를 유지할 뿐 아니라 적정한 탄력이 있다는 장점이 있었습니다. 이 장점을 도입해 끝부분에 플라스틱으로 소쿠리와 같은 모양을 만들고 그 위에 소재가 다른 두 겹의 스펀지를 부착시키자, 비로소 균일한 도포를 실현할 수 있었다고 합니다. 3년간의 연구 끝에 1975년 '아라빅 야마토'가 탄생하는 순간이었습니다.

야마토는 "하나의 물건을 다는 것과 붙인다. 이는 단순히 1에 1을 더해 2가 되는 것이 아니라, 지금까지 없었던 새로운 가치를 만들어내는 것이다"라는 경영이념을 내세우고 있습니다. 이런 이념에 걸맞게 야마토는 상당히 빠른 시기 해외에도 진출했습니다. 1960년에 스카치테이프의 일본 판매를 위한 쓰리엠과의 업무 제휴를 시작으로 공업제품 분야로 사업을 확장했습니다. 지금은 인더스트리 사업부가 뒤를 이어 해외에서 자동차용 부품 가공 등을 전개하고 있습니다.

하세가와 사장은 "불확실성이 높은 시대에 접착제가 가진 무한한 가능성을 창조적인 상품으로 만들어 세상에 출시하기 위해서는 '독창성, 저비용, 이노베이션'이 키워드가 될 것"이라고 강조합니다. 더불어 "예상할 수 없는 것에도 대응하며 위기를 기회로 바꾸는 전략은 연속적인 혁신에서 찾을 수 있다"라고 말합니다. 모두가 어려운 시기입니다. 하지만 창조적인 상품은 지속적인 혁신에서 비롯된다는 명제를 잊지 않으셨으면 합니다.

세상을 구하는 가루

| 기업사례 # 27 |

폴리그루

한신아와지 대지진 당시 식수 부족으로 힘들었던 경험을 살려
어디서든 간편하게 깨끗한 물을 먹을 수 있는 방법을 고민하기 시작했다.

초거대 시장이자 최후의 성장 시장이 될 것이라고 일컬어지는 'BoP Base of Pyramid 비즈니스*'의 성공사례를 써내려가고 있는 기업이 폴리구루입니다. 폴리그루는 이 BoP 비즈니스로 세계의 주목

* 주로 개발도상국에서 구매력을 평가해 환산했을 때 1인당 연간소득이 3,000달러 미만인 저소득층을 대상으로 제조 및 서비스를 제공하는 비즈니스를 말한다.

을 받는 기업입니다. 수차례의 역경을 딛고 '안전하게 마실 수 있는 물'을 전 세계 40여 국에 제공하며 글로벌 비즈니스로 성공할 수 있었던 이 기업만의 비결은 무엇일까요?

세상을 구하는 가루

폴리그루는 오사카에 본사를 두고 있는 직원 30명의 작은 중소기업입니다. 창업자 오다 회장은 자사 사업을 설명할 때면 반드시 '물의 정화 실험'부터 시작하는 것으로 잘 알려져 있습니다. 실험이라고는 하지만 사실 너무 간단합니다. 비커에 담긴 흙탕물에 소량의 백색 분말을 넣어 섞어줍니다. 그러면 불과 몇 분 만에 오염물질들이 모여 굳어지면서 물이 투명해집니다. 중금속 등의 유해물질이 순식간에 응집되어 침전하는 겁니다. 오다 회장이 그 물을 마시는 것으로 실험은 끝이 납니다.

실험에 사용되는 백색 분말은 오다 회장이 개발한 수질정화제입니다. 낫토의 끈적끈적한 성분인 폴리글루탐산을 활용한 제품으로 불과 1그램으로 10리터의 물을 정화할 수 있습니다. 폴리그루의 정화제는 전 세계 약 40개국에서 판매되고 있습니다. 물을 정화하는 물탱크가 방글라데시, 탄자니아, 소말리아, 에티오피아, 브라질 등 각지에 설치되어 약 280만 명의 사람들이 폴리그루가 정화한 물을 마시고 있습니다. 백색 분말은 천연원료로 무해하지만 살균작용은 없기 때문에 정화제로 처리한 한 후 모래여과, 염소살균의 3가지 탱크를 조합한 간단한 정화 장치를 설치해서 안전성을 높이고 있습니다.

진화 ① 재난에서 기회를 보다

이런 기술력이 가능한 이유는 오다 회장의 오랜 노력이 있었기 때문입니다. 공조기기 업체의 우수한 엔지니어 출신인 그는 1995년 일어난 '한신아와지 대지진'을 겪고 난 뒤 식수 정화사업에 뛰어들게 되었다고 합니다. 당시 식수 부족으로 힘들었던 경험을 살려 어디서든 간편하게 깨끗한 물을 먹을 수 있는 방법을 고민하기 시작한 그는, 과거 한 논문에서 봤던 "낫토의 폴리글루탐산에 물을 정화하는 능력이 있다"는 내용에서 아이디어를 얻어, 수년간의 시행착오 끝에 지금의 정화제 개발에 성공할 수 있었습니다. 그리고 2004년 발생한 수마트라 지진 피해지역과 2007년 대규모 태풍피해를 입은 방글라데시에서 피해지역에 안전한 물을 공급하면서 지금의 비즈니스 모델을 탄탄하게 만들 수 있었습니다.

사실 식수와 관련한 개발·원조 사업은 오랫동안 우물을 파는 사업이 주류를 이루었습니다. 많은 자금과 시간이 필요한 데다 지리적 조건이 까다롭다는 점 때문에 도입이 쉽지 않았습니다. 그러나 폴리그루의 물탱크는 단 5일 만에 설치할 수 있고 정화제 사용방법이 간단해 현지 스태프가 관리할 수 있습니다. 물탱크와 스태프 모두 현지에서 조달하고 일본에서 가져가는 것은 정화제뿐입니다.

진화 ② **자립을 돕는다**

폴리그루의 비즈니스 모델은 현지 고용창출에도 기여하고 있습니다. 특히 개발도상국 여성들의 경제적, 정신적 자립에 도움이 되고 있습니다. '폴리그루 레이디'가 바로 그 주인공입니다. 현지 여성들로 구성된 이들은, 분말의 정화능력이 얼마나 안전하고 뛰어난지 주민들에게 실험을 통해 보여주는 역할을 합니다. 낯선 기업과 제품에 대한 이질감을 줄이고, 성능에 대한 신뢰를 높이기 위해 선택한 오다 회장의 아이디어였다고 합니다. 이들의 한 달 수입은 평균 5만 원정도로 현지 노동자들의 일반적인 수입 (3만 원)보다 상당히 높은 수준입니다. 깨끗한 물 공급으로 개발도상국의 건강문제를 해결하는 것뿐 아니라 빈곤 극복과 여성의 사회진출까지 긍정적 영향을 주고 있다고 할 수 있습니다.

진화 ③ 기업과 소비자 모두가 만족하는 가격

그런데 여기서 또 하나 중요한 점이 있습니다. 'BoP 비즈니스'도 어디까지나 사업이기 때문에 수익성이 있어야 유지될 수 있다는 건데요. 폴리그루는 이 부분에서도 훌륭한 성과를 이어가고 있습니다. 우선 제품 수송비와 관세 등을 생각하면 물 1,000리터를 정화하는 데 드는 비용은 1달러가 조금 안 됩니다. 현지 가정에서 한 달에 내는 금액이 300리터당 1달러이니까, 현지에서의 이익률은 60퍼센트 정도가 됩니다. 현지 스태프 인건비도 이 이익에서 충당하고 있습니다. 지금은 방글라데시 스태프가 탄자니아로 출장을 가는 방식으로 사업을 확장시키고 있어, 일본에서 기술자를 직접 파견하는 것의 10분의 1 정도의 비용으로 성과를 내고 있다고 합니다.

병과 빈곤으로부터 사람을 구하는 기술이라도 지속성과 수익성이 떨어진다면 비즈니스의 성립은 쉽지 않습니다. 수많은 개발·원조 사업 아이디어가 현지에서 무용지물이 되는 이유가 이 때문입니다. 폴리그루의 사례를 통해 지속가능한 비즈니스의 조건이 무엇인지 되돌아보는 기회가 되셨으면 합니다.

M&A의 고수

알코닉스

M&A로 인수한 기업에 본사에서 사장을 파견하는 일은 없다.

중소 제조업체를 M&A해서 수익을 크게 올리는 기업으로 탈바꿈시켜 업계의 주목을 받은 기업이 있습니다. 의외로 이 기업은 투자를 전문적으로 하는 기업이 아니라 비철금속을 주로 가공하는 알코닉스라는 회사입니다. 금속가공 회사를 중심으로 2022년까지 13년 동안 총 14개 회사를 완전 자회사로 만들었지만, 단한 건도 손실을 경험하지 않고 있습니다. 인수한 기업의 가치를 정확하게 간파하는 M&A 기술과 인수 후의 독특한 기업 경영 방법으로 정평이 나 있습니다.

자사만의 M&A 철칙

알코닉스는 원래 일본의 대표적인 종합상사 중 하나인 닛쇼이와이日商岩井(지금의 소지츠双日)에서 비철금속을 취급하던 자회사였습니다. 그러던 2002년 금융기관 계열의 펀드로부터 제안을 받아들여 MBO*를 추진했습니다. 그 후 빈약했던 경영체질을 개선하기 위해 희소금속과 알루미늄 등을 판매하는 기업을 연이어 인수하면서 기업 규모를 확대시켜 나갔습니다. 그런데 단순하게 상품을 중개하는 사업으로는 이익률을 높이는 데 한계가 있었을 뿐 아니라 시황에 크게 좌우되는 단점도 있었습니다. 그래서 잘 알고 있는 금속가공 분야에 특화한 제조 분야에서의 M&A만을 전문적으로 하며 성장기회를 포착해 갑니다.

알코닉스의 M&A에는 반드시 지켜야 할 7가지가 있습니다.

• 경영자매수Management Buyout. 현직 경영진이 외부 투자자와 함께 자사를 인수하는 M&A 방식.

첫째, 사업승계자가 없어야 한다.

둘째, 진부하지 않은 틈새 정밀가공 기술을 가지고 있다.

셋째, 사업재생 안건에는 손을 대지 않는다.

넷째, 알코닉스의 시가총액의 최대 약 20퍼센트를 상한으로 매수자금을 준비한다.

다섯째, 원칙적으로 해당 기업의 주식 모두를 사들인다.

여섯째, 투자은행 등의 파이낸셜 어드바이저를 이용하지 않는다.

일곱째, 가공기계의 기종, 연대 등 공장설비를 철저하게 조사한다.

알코닉스는 이 7가지 철칙을 지키면서 독자적인 기업 감별 능력으로 인수대상 기업을 철저하게 조사하는 것을 기본으로 합니다.

진화 ① **인수 포인트**

인수전에 뛰어든 이후에는 특히 기업가치를 평가하는 것이 독특합니다. 재무담당 임원은 전문성을 살려 대차대조표 분석에 많은 공을 들여 분석하지만, 제조기술의 우위성이나 생산관리 등에 대해서는 경험이 부족할 수밖에 없습니다. 그래서 때때로 인수 대상 기업의 생산현장 전문가를 기용해서 후보 기업의 실력을 평가하기도 합니다. 어떤 업체가 몇 년에 만든 공작기계들이 있는지, 종업원의 동선에는 낭비가 없는지, 공정설계에 개선의 여지가 있는지 등을 꼼꼼하게 살핍니다. 사장과의 면담은 물론 현장의 종업원과도 질의응답 시간을 반드시 마련합니다. 무엇보다 안정적으로 설비투자를 지속하고 있는지가 중요한 포인트가 된다고 합니다.

진화 ② 자주 경영을 최대한 존중

M&A 이후에 이루어지는 통합작업도 알코닉스가 중요하게 생각하는 부분 중 하나입니다. 최고경영자 자리는 인수 전에 대주주와 협의를 하면서 고참 직원이나 외부로부터 영입한 전문경영인에게 맡기고 있습니다. 알코닉스 본사에서 사장을 파견하는 일은 없다고 합니다. 임원 구성은 과반 혹은 절반을 알코닉스 측이 맡게 되지만 그것 역시 집행과 감독을 명확하게 분리하기 위해서라고 합니다. 집행에는 관여하지 않고 경영의 자주성을 최대한 존중하되, 집행이 합리적이었는지에 대한 감독에만 전념하는 겁니다. 조직경영의 경우, 총무와 인사담당자가 진행하는 직원

면담 이외에 조직경영에 관한 설문 결과, 낮은 평가를 받은 기업은 컨설턴트와 알코닉스 담당자가 직접 찾아가 지도하기도 한다고 합니다.

진화 ③ 성과가 말하는 실력

이처럼 꼼꼼하게 진행되는 기업가치 평가와 인수 후의 통합 작업으로 지금까지 알코닉스가 인수한 기업이 손실을 경험한 경우는 단 한 차례도 없었습니다. 첫 번째 M&A 안건을 진행했던 2004년 결산과 2022년까지의 최근 5년간의 평균치를 비교해 보면, 매출의 평균성장률은 6.3퍼센트, 경상이익은 26.7퍼센트에 달합니다.

2009년 M&A한 오카와전기는 알코닉스 산하로 들어간 이후 영업적자에 빠진 적이 한 번도 없다고 합니다. M&A 시점이었던 2010년 3월 결산에 비해 2022년 3월 결산에서는 매출이 1.7배 늘어났습니다. 이 회사는 주력제품이었던 통신기기용 부품의 매출이 2007년을 정점으로 줄어들기 시작했고 후계자를 찾지 못하는 등의 문제가 있어 알코닉스가 인수한 경우입니다. 인수 후 사업 포트폴리오를 전환해 반도체 제조장치에 쓰이는 알루미늄 부품을 납품하기 시작했고, 지금은 기존 후쿠시마 공장에서 100대가량의 공작기계를 가동하고 있습니다.

반도체 제조장치에 들어가는 진공장치용 알루미늄 부품을 만드는 오바세켄 역시 M&A를 통해 최근 10년 동안 매출을 약 40억 엔에서 2.4배로 끌어올린 사례입니다. 창업자 집안의 2대 사장이 후계자를 찾지 못하자, 알코닉스가 고도의 기술력과 잠재력을 알아보고 주식을 전량 매입해서 자회사로 만들었습니다. 시장에서 인정받던 탁월한 기술력과 더불어 인수 후 잔업시간을 줄이고 신규채용을 늘리는 등 인사 노무 측면에서의 내부통제가 효과를 발휘한 것으로 평가를 받고 있습니다.

알코닉스는 앞으로 그룹사의 성장만을 쫓는 것이 아니라 회사별 투자자본대비 이익률을 보다 엄격하게 관리해 나가면서 이익률 실적이 좋지 않으면 과감하게 매각을 추진한다는 계획입니다. 후계자를 찾지 못해 어려움을 겪고 있는 적지 않은 일본 중소 제조업체가 M&A를 통해 제2의 창업을 기대하고 있는 만큼, 알코닉스의 사세 확장은 한동안 지속될 것으로 보입니다.

4대(代) 사장의 도전

토미자와 상점

다소 비싸더라도 좋은 쇼핑을 했다고 생각할 수 있는 제품을 만드는 것이
중요하다고 생각했다. 저렴한 가격으로 승부를 하면 필연적으로
상품의 질을 떨어트릴 수밖에 없고 인건비도 삭감해야 하기 때문이다.

일본에서 제과제빵을 하는 사람이라면 꼭 한 번은 거쳐 간다는
상점이 있습니다. 바로 창업 100년이 넘은 토미자와 상점입니다.
직영점만 해도 일본 전국에 90개가 넘고, 종업원 1,200명, SNS
팔로워가 66만 명에 달할 정도로 인기가 많은 핫플레이스 중 하
나입니다. 놀라운 점은 이 성과 대부분이 지금의 4대 사장의 손

에서 이뤄졌다는 점입니다. 동네 한 모퉁이에 있던 작은 가게를 모두가 주목하는 명소로 만든 토미자와의 비결은 무엇일까요?

작은 소매점에서 전국구 핫플레이스로

1919년에 창업한 토미자와 상점은 밀가루와 버터 등 제과·제빵 재료에서 조리기구, 포장 재료에 이르기까지 약 9,000여 점에 달하는 상품을 판매하고 있습니다. 제빵용 밀가루만 25종이 넘고, 매출의 약 85퍼센트가 일반 구매자들의 B2C 소매를 통해 발생하지만 연 매출이 약 136억 엔에 달합니다. 하지만 토미자와 상점이 처음부터 이렇게 규모가 큰 곳은 아니었습니다. 2009년 초반까지만 해도 전국 직영점은 10개에 불과했고, 매출도 녹록지 않아 운영을 지속하기도 쉽지 않은 상황이었습니다.

진화 ① 물류의 중요성

그랬던 토미자와 상점이 10여 년 만에 급성장할 수 있었던 데는 2009년 상점을 물려받은 4대 사장의 힘이 컸습니다. 토미자와 사장은 2000년에 대학 졸업 후 미국으로 건너가 호텔 운영 전문기업의 임원으로 일한 적이 있습니다. 이때 가장 자극을 받았던 것이 미국의 거대한 물류시스템이었다고 합니다. 상품을 효율적으로 유통시킬 수 있는 기반이 사업 성과에 얼마나 큰 영향을 미치는가를 알게 된 것이었습니다.

토미자와 사장은 이때 얻은 노하우를 밑거름 삼아 가장 먼저 제조와 재고관리에 관한 문제 해결에 나섰습니다. 당시 물류창고는 담당 직원이 부족해 영업직원이 재고관리를 거들고 있었고, 창고도 부족해 상품이 가장 잘 팔리는 가을에는 정작 팔 물건을 확보하지 못해 판매 기회를 잃고 있었습니다. 토미자와 사장은 이를 해결하기 위해 먼저 유용자산을 모두 물류시스템 구축에 투자했습니다. 단종 상품이 섞여 있던 상품 리스트도 정비했습니다. 재고 확인 역시 직원이 직접 눈으로 확인하는 방식에서 벗어나 클라우드 시스템을 도입해 유통 과정과 재고량은 물론 출하 예측과 적정 재고량까지 일원화했습니다. 디지털과 아날로그를 적절하게 혼합하면서 사람이 어림짐작으로 판단하던 작업을 모두 없애 나갔습니다.

진화 ② 적정한 장사란?

토미자와 사장이 물류시스템 구축과 더불어 공격적으로 추진한 것은 매장을 늘리는 것이었습니다. 2007년 3월 출점을 시작으로 취임 당시 13개였던 점포를 91개로 늘렸습니다. 그가 출점 전략에서 가장 신경을 쓴 것은 회사 철학이 담긴 '적정한 장사'였습니다.

"당시 도쿄의 주요 역 앞에서 판매하는 조각 케이크 하나가 260엔 정도인 것을 보고, 다소 비싸더라도 좋은 쇼핑을 했다고 생각할 수 있는 제품을 만드는 것이 중요하다고 생각했다. 저렴한 가격으로 승부를 하면 필연적으로 상품의 질을 떨어트릴 수밖에 없고 인건비도 삭감해야 하기 때문이다."

'품질은 높이되 적절한 가격 수준을 유지한다!' 토미자와 상점은 이를 위해 전 매장을 직영으로 운영하고 있습니다. 판매되는 농산물의 경우 신뢰를 구축해 온 전국 각지의 생산자로부터 구입한 농산물을 자사 공장 또는 지정 공장에서 직원들의 손으로 직접 선별하고 포장하여 확실한 품질을 유지하고 있습니다. 여기에 다른 곳에서는 사기 힘든 해외 유명 브랜드를 직수입해 합리적인 가격으로 판매하고 있습니다. 때문에 제과제빵을 업으로 하는 사람들은 물론 취미로 즐기는 사람들까지 만족시키고 있습니다. 덕분에 온라인 매출의 약 80퍼센트가 기존 회원의 재구매로 발생하고 있다고 합니다.

토미자와 상점이 2021년 말부터 역점을 두고 추진해온 일은 SNS의 활용입니다. 영향력이 있는 요리사 등을 활용한 인플루언서 마케팅을 펼치고 있습니다. 약 400명의 앰버서더ambassador 조직을 만들어 수만 명의 팔로워를 가진 인플루언서에서 고정 팬에 이르기까지 폭넓은 고객층을 확보하고 있습니다. 2021년 12월부터 6개월 만에 트위터 약 10만 명, 인스터그램 약 4만 명의 팔로워를 확보할 수 있었고, 여전히 회원 수는 증가하고 있습니다. 2022년 여름부터는 소셜미디어 마케팅 지원 회사와 연계하여 특허를 취득한 AI 기술을 활용해, 인플루언서를 통한 온라인 판매력을 강화해 나가고 있습니다.

소셜마케팅과 별도로 고객과의 오프라인 접점을 늘리기 위한 노력도 하고 있습니다. 점포에서는 '체험'을 제공하는 것에 중점을 두고, 넓은 매장을 활용하여 상품 다양성을 강화하는 한편, 상품을 실제 보고, 만져보고, 시식하거나, 자체 개발한 레시피를 이용한 요리교실을 개최하고 있습니다. 제과제빵을 가르치는 '토미즈 스튜디오tomiz studio'와 매장에서 구매한 식자재로 고객이 직접 조리할 수 있는 '렌탈 키친 스페이스'가 대표적입니다. 뿐만 아니라 토미자와 상점은 스마트폰 앱을 개발하여 온오프 쌍방에서 체험가치를 높이는 OMO_{Online Merges with Offline} 전략을 추진하고 있습니다.

이런 노력에 힘입어 토미자와 상점은 2022년말 법인 회원수가 전년 대비 204퍼센트 증가하는 성과를 올렸습니다. 제과점과 빵집 등과의 B2B 거래도 가파르게 늘어나 2022년 법인 매출이 16억 엔에 이르고 2025년에는 2.5배인 40억 엔을 목표로 하고 있다고 합니다. 앞으로는 백화점 등의 대규모 매장보다는 동네 슈퍼마켓과도 연계를 확대해 나가면서, 현지 기업을 인수한 베트남을 중심으로 동남아시아에서의 시장확대를 적극적으로 펼친다는 계획입니다.

일본에는 100년 이상의 역사를 가진 오래된 기업들이 많습니다. 그리고 이 기업들에게 변화는 반복되는 숙제입니다. 도전적인 시도로 업의 역사를 이어가고 있는 토미자와 사장이 지금 일본에서 주목받는 것도 바로 이런 이유에서가 아닐까 싶습니다. 일본의 다양한 중소기업들이 또 어떤 진화와 도전을 해 나갈지 지켜보시면 좋을 것 같습니다.

일본 자동차 시장의 신예

─── 기업사례 #30 ───

GLM

회사의 성장을 말하기에 앞서, 우리는 먼저 재미있는 일을
어디까지 지속할 수 있을지를 고민한다.

진입장벽이 높기로 유명한 일본의 자동차업계에서 새로운 바람을 일으키고 있는 벤처기업이 있습니다. 바로 GLM입니다. 전기차 보급이 충분하지 않은 일본에서 발 빠르게 시장에 진입하며 놀라운 기술력으로 세간의 주목을 받는 신예 기업으로 부상했습니다.

최초의 전기 스포츠카

GLM이 일본 자동차 업계에 처음 등장한 건 지난 2015년입니다. 일본에서 환상의 스포츠카로 불리던 '토미카이라ZZ'를 전기자동차로 개발했기 때문입니다. '토미카이라ZZ'은 '토미카유메공장' 창업자인 도미타가 개발한 스포츠카로 1997년 발매가 시작된 후 큰 인기를 끌었던 스포츠카입니다. 하지만 2003년에 회사가 도산하면서 환상의 스포츠카라고 불리고 있었습니다.

코마 사장은 도미타의 차명과 로고 마크를 이어받아 전기자동차로 내부부터 외관까지 새롭게 개발했습니다. 이 차의 성능은 놀라울 정도였습니다. 출발 후 불과 3.9초 만에 시속 100킬로미터에 도달하는 가속력으로 레이싱카와 같은 주행을 체험할 수 있었습니다. 일체의 전자제어장치가 없기 때문에 엑셀, 브레이크, 핸들의 작동 느낌과 노면의 진동이 그대로 전달되어 자동차와의 일체감을 경험할 수 있었다고 합니다. 2015년 10월부터 생산을 시작한 '토미카이라ZZ'는 세전 가격이 800만 엔으로 99대가 한정 출시되었습니다. 일본에서 전기 스포츠카를 대량생산한 것은 GLM이 최초였습니다.

　　현재 GLM의 종업원 수는 27명으로 작은 규모지만, 구성원의 면면은 화려합니다. 먼저 코마 사장은 교토대 MBA 출신으로 과거 파견비즈니스 회사를 운영한 경험이 있습니다. 그가 대학원 시절 '교토 전기자동차 프로젝트'를 주도하고 있던 교수를 만나 2010년에 그린로드모터스를 설립한 것이 GLM의 시작입니다. 여기에 기술본부의 본부장은 도요타 렉서스 부문에서 플랫폼 설계를 담당했던 전문가입니다. 전기스포츠카 개발에 계기가 되었던 토미타유메공장의 엔지니어 출신도 함께 일하고 있습니다. 이외에도 대기업 자리를 박차고 합류해 준 엔지니어가 많습니다.

　　이런 인재들이 모여 만든 제품인 만큼 '토미카이라ZZ'에 대한 업계의 관심도 뜨거웠습니다. 무엇보다 고급 전기 스포츠카로 개발제품을 제한한 것이 큰 역할을 했습니다. 당시 일본의 대형 자동차업체들은 아직 전기자동차를 개발할 생각이 없었던 때였습니다. 때문에 고성능 스포츠카를 만들겠다는 벤처기업의 등장을 반기는 분위기였습니다. 기술적 쇼케이스 혹은 테스트 마케팅으로는 부품업체 등 협력업체에게는 절호의 기회였던 겁니다. 업계의 관심은 곧 해외 펀드와 투자회사의 출자로 이어졌습니다. 사우디아라비아와 대만의 국영펀드도 출자를 결정했습니다. 소

GLM R&D 센터의 배터리실에 전시되어 있는 토미카이라ZZ 전기자동차의 구성품.

토미카이라ZZ는 도로를 달릴 EV 레이싱카라는 별명에 맞게 주행과 관련없는 장치들이 모두 배제되어 있다. 에어컨이나 히터는 물론 차체 외부에 손잡이도 없다.

본질은 변하지 않는다

니의 전 회장과 글리코영양식품 전 회장, 그리고 시티그룹증권 부사장 출신도 출자에 참여했습니다.

토미 사장은 인재와 자금을 끌어모을 수 있었던 비결에 대해 "회사의 성장을 말하기에 앞서, 우리는 먼저 재미있는 일을 어디까지 지속할 수 있을지를 고민한다. GLM은 지금까지 재미있는 일을 계속해 왔고, 그 덕에 주위에 훌륭한 사람들을 모을 수 있었다. 그들이 함께 더 재미있는 일을 만들어왔기 때문에 지금의 GLM이 있을 수 있었다"라고 말합니다.

진화 ② **더 새롭게, 더 놀랍게**

이렇게 자금을 확보하면서 양산 체제를 구축할 수 있었던 GLM은 보다 신속하게 사업전개에 나섭니다. 그리고 2016년 9월 말에 개막한 파리 모터쇼에서 일본 최초의 차세대 전기 슈퍼카의 콘셉트카를 발표했습니다. 'G4'라는 이름의 이 자동차는 쿠페스타일의 4도어 세단으로 항속거리*가 400킬로미터, 최고속도는 시속 250킬로미터에 달할 정도로 월등한 성능을 갖췄습니다. 제로백(정지 상태의 자동차가 가속하여 시속 100킬로미터까지 도달하는

• 航續距離, range. 항공기나 선박이 연료를 최대 적재량까지 실어 비행 또는 항행할 수 있는 최대 거리를 말한다.

데 걸리는 시간)도 3.7초밖에 걸리지 않습니다.

GLM은 이후에도 부지런히 새로운 제품과 기술을 선보여 왔습니다. 2017년에는 아사히카세이와 'AKXY'라는 콘셉트카를 개발했습니다. 2018년에는 교세라와 함께 콘셉트카를 개발하는 한편 전기자동차용 플랫폼의 렌털사업도 시작했습니다. 2020년에는 시니어 세대를 겨냥한 모빌리티의 콘셉트카를, 2022년에는 프로토타입* 전기 스포츠카 '아폴로 G2J'를 발표하기도 했습니다.

진화 ③ 일본 전기차산업의 부흥을 꿈꾸다

2023년 8월에는 카셰어링용 전기 경자동차 '미모스MiMos'를 출시했습니다. 미모스는 전장 3미터가 안 되는 작은 크기로 일본의 도로 사정과 생활환경에 맞게끔 설계된 경차로 평가받습니다. 작은 크기이지만 4명이 탈 수 있고 짐을 실을 수 있는 공간도 확보되어 있습니다. 가정용 200V 충전기로 충전이 가능하고 약 6시간이면 완충할 수 있습니다. 완충시 최대 항속거리는 약 130킬로미터에 달합니다. GLM은 보다 신속하게 일본시장에 진출하기

•　제품이나 서비스의 초기버전 또는 시제품.

위해 해외에서 보통의 자동차규격으로 만들어진 유럽용 차량을 GLM의 기술과 경험으로 일본의 경자동차 규격에 적합한 사양으로 개량하여 등록을 마쳤습니다. 일반 판매에 앞서 우선은 카쉐어링 서비스를 검토하고 있는 지자체나 기업에 판매 또는 리스를 하고 있습니다.

GLM은 자동차 플랫폼이라는 새로운 사업모델도 계획하고 있습니다. 자동차 바디 부분은 구매하는 기업이 자유롭게 디자인하고, GLM이 설계를 포함한 개발위탁을 맡아 고객 기업의 공장에서 생산하는 구조로, 단순하게 플랫폼만을 제공하는 비즈니스도 가능합니다.

코마 사장은 GLM의 성공에 대해 "작은 벤처기업이라도 자동차산업에 진입할 수 있다는 것을 이번에 보여줄 수 있었다. 제조업에서는 벤처의 유연한 발상을 활용하는 것이 시대의 흐름인데, 자동차산업에서는 무리라고 일본인 스스로 한계를 정하고 있다. 우리는 그것을 하나씩 제거하면서 사업을 진행하고 있다"라고 말합니다. 진입장벽이 높아 접근이 어렵다고 여겨졌던 자동차산업의 전동화를 기회로 포착하고 성장해 나가고 있는 벤처기업의 진정한 도전이 위상이 흔들리고 있는 일본 자동차산업에 던지는 메시지는 적지 않아 보입니다.

원조의 부활

훗피 비버리지Hoppy Beverage

경영 과제는 신이 내려주는 선물이기 때문에 해결하지 못할 과제는 없다.
그 과제로부터 한번 도망가면 그 이상의 과제는 더는 주어지지 않고,
나의 성장이 멈추는 동시에 회사의 성장도 멈추게 된다.

색다른 제품이 많은 일본에는 맥주 맛이 나는 청량음료가 있습니다. 바로 '훗피'라는 제품입니다. 알코올 도수가 0.8이어서 일본 주세법에서는 청량음료로 구분하고 있습니다. 훗피는 1948년에 출시된 이후 한때 소멸의 위기를 겪기도 했으나, 다시 주목을 받으며 급성장하는 중입니다. 그 중심에는 대대적인 혁신경영으로

매출을 5배나 끌어올린 이시와타리 사장이 있습니다.

탄생 배경

일본에는 소주를 다른 음료와 섞어 마시는 특유의 술 문화가 있습니다. 이 문화의 원조로 알려져 있는 것이 홋피입니다. 소주에 섞은 음료 자체를 '홋피'라고 부를 정도로, 특히 도쿄를 중심으로 한 관동지역의 이자카야에서는 인기가 높은 음료입니다. 청량음료로 구분되지만, 원재료에 홉과 맥아를 사용하고 제조방법도 맥주와 거의 유사합니다.

사실 홋피 비버리지가 처음 이 제품을 출시할 때는 논알콜 맥주로 판매를 했습니다. 당시는 제2차 세계대전 패망 직후로 대부분의 물자가 부족했던 일본 상황이 기회로 작용해 큰 인기를 끌었습니다. 암시장 등에서 팔리던 조잡하고 질이 나쁜 술도 홋피와 섞어 마시면 맛도 있고 빨리 취한다는 평판을 얻으면서 소비가 크게 일어나 품절 현상이 자주 나타났다고 합니다. 당시 너무 비싸 서민들이 마시기 힘들었던 맥주를 대신하는 음료로도 인기를 끌었습니다.

훗피의 인기는 이후에도 계속됐습니다. 1970년대 후반에는 하루 약 1만 개였던 생산량이 매년 증가해서 20만 개를 기록하기도 했습니다. 그러나 이런 급성장은 훗피에게 위기를 안겨줍니다. 주문량은 계속 증가했지만, 공장 신설이 늦어지고, 기술력이 부족했던 탓에 생산량이 한계에 봉착한 겁니다. 설상가상 출고지연이 반복되면서 주문도 점차 줄어들기 시작했습니다.

거기에 전국 규모의 이자카야 프랜차이즈가 확산되면서 츄하이와 레몬사와 같은 소주 혼합음료가 등장하기 시작했습니다. 이 음료들이 청년과 여성의 마음을 사로잡으면서 훗피의 판매 감소를 부추기는 결과를 낳았습니다. 독일의 양조장으로부터 효모를 들여오는 등 변혁을 시도했으나 한번 떠난 고객을 다시 돌리기에는 역부족이었습니다. 결국 시장에서 훗피의 모습을 찾기 어려워졌고, 1990년대 중반에 이르자 훗피 비버리지는 훗피 대신에 규제완화로 제조가 가능해진 수제맥주를 주축으로 OEM 제품을 만들면서 겨우 연명하는 정도가 됩니다.

진화 ② 후계자 다툼

　　이런 시기에 부사장으로 취임한 것이 지금의 이시와타리 사장입니다. 그러나 사내 분위기는 초대받지 않은 사람이 온 것과 같은 차가운 반응이었습니다. 겉으로 드러나지 않았던 후계자 다툼이 이시와타리 사장의 입사로 표면화되었기 때문입니다. 이시와타리 사장이 대학을 졸업한 것이 1990년인데, 이 무렵은 남여고용기회균등법이 시행된 지 4년여가 지난 시점이었지만, 여전히 여성의 사회진출은 많지 않았습니다. 무남독녀 외딸이었던 이시와타리 사장은 1995년에 맥주 제조면허를 취득하고 승계를 원했지만 아주 뜻밖에도 아버지가 강하게 반대했다고 합니다. 친족간의 후계자 다툼에 휘말리게 하고 싶지 않다는 것이 그 이유였습니다. 그러나 이시와타리 사장은 포기 않고 설득에 나섰고, 1997년 드디어 입사합니다.

　　그러나 이후 상황은 좋지 않았습니다. 당시 부사장으로 유력한 승계 대상이었던 친족과 경쟁 상대가 되면서 사내 분위기도 가라앉았고, 조직의 일체감도 느낄 수 없는 상황이 이어졌다고 합니다. 결국 매출은 2002년에 역대 최저 수준인 8억 엔까지 떨어졌습니다. 하지만 다행히 이 무렵 회사를 둘로 갈라놓았던 후계자 문제가 친족의 퇴사로 일단락되면서 기회가 찾아옵니다. 이시와타리는 부사장에 취임하면서 사장이었던 부친으로부터 '제3의 창업을 할 때 함께해 줄 직원을 육성하는 것이 무엇보다 중요하다'라는 조언과 더불어 승계 허락을 받게 되었습니다.

진화 ③ 혁신의 시작

힘을 받은 이시와타리 사장은 이후 대대적인 개혁에 나섰습니다. 당시로는 아직 일반적이지 않았던 인터넷 마케팅을 적극적으로 펼치면서, 저렴한 맥주 대용이라는 종래의 이미지를 넘어서기 위해 전념합니다. 특히 홋피와 소주는 냉장고에서, 맥주잔은 냉동고에서 꽁꽁 얼려서 마시는 '3냉술' 마케팅을 대대적으로 펼쳤습니다. 이 마케팅 전략으로 홋피는 전국의 많은 이자카야에서 다시 인기 상품으로 등극하게 됩니다. 이제는 '3냉' 홋피를 전문적으로 제공하는 바가 등장할 정도로 이미지가 달라졌습니다.

이와 동시에 이시와타리 사장은 기존의 영업소를 모두 폐쇄하여 영업기능을 본사로 옮기고, 공장에 있던 수주 센터도 함께 본사로 이전시키는 개혁을 단행했습니다. 직원과 직원, 공장과 본사의 거리가 좁혀지면서 효율성이 크게 개선되었다고 합니다. 물론 급하게 추진한 조직 개편으로 갈등도 있었습니다. 선대시절부터 일한 공장장이 사표를 내며 생산현장이 중단되는 사태가 발

홋피 라인업. 맨 왼쪽은 홋피 발매 55주년을 기념하여 만들어진 '55홋피'(통칭 '빨강홋피')로, 기존 홋피에 비해 약 2배의 양조 시간을 들여 만들었다. 2017년도 몬드 셀렉션 은상을 수상했다.

생한 것이었습니다. 이를 통해 이시와타리 사장은 "개혁도 좋지만 그 속도가 더 중요하다는 것을 깨달았다"고 합니다. 또한 "아무리 작은 회사 조직이라도 개편해서 성과를 내기까지는 적어도 10년은 걸린다고 봐야 하고, 새로운 직원을 채용해서 인사 측면에서 조직을 바꿔 나가는 것은 그만큼 시간이 필요한 작업이다"라고 말합니다.

이런 노력 끝에 홋피는 맥주 대체품이라는 종래의 이미지에서 벗어나는 데 성공했을 뿐 아니라, 새로운 수요층을 끌어들일 수 있었습니다. 옛 추억을 떠올리는 중장년층에 새롭게 홋피를 즐기는 청년 수요층이 가세하면서 2001년 8억 엔에 불과했던 매출을 8년 만에 약 5배로 끌어올리는 데 성공합니다.

이시와타리 사장은 "경영 과제는 신이 내려주는 선물이기 때문에 해결하지 못할 과제는 없다. 그 과제로부터 한번 도망가면 그 이상의 과제는 더는 주어지지 않고, 나의 성장이 멈추는 동시에 회사의 성장도 멈추게 된다"고 말합니다. 제품의 이미지를 변신시키며 부활할 수 있었던 비결은 경영위기를 바라보는 이시와타리 사장의 이러한 태도였을 것입니다. 위기를 대하는 마음가짐이 바르게 서 있는지 스스로를 돌아보는 계기가 되셨으면 합니다.

10년 평균 성장률 200퍼센트

시타테루

복잡하다는 것은 정보가 제대로 정리가 안 되었을 뿐,
정리만 하면 강하게 묶여 있던 매듭도 풀릴 것이라고 직감했다.

설립 이후 10년 동안 매년 200퍼센트 이상의 성장을 하며, 일본
의류업계의 지속가능한 사업모델을 제시했다는 평가를 받는 기
업이 있습니다. 바로 '의류생산의 모든 것이 여기에'라는 콘셉트
로 운영하는 시타테루라는 기업입니다. 구태의연한 생산유통 과
정을 뒤엎으며 의류업계에 혁명을 일으키고 있다는 시타테루의

성장 과정을 따라가 보도록 하겠습니다.

일본 최초 의류생산 플랫폼

시타테루는 봉제공장과 옷 만드는 개인, 그리고 기업을 연결해 주는 일본 최초의 '의류생산 플랫폼'을 구축하여 운영하고 있습니다. 소량 주문(최소 30벌)을 최적의 가격으로 생산할 수 있어 자신이 디자인한 옷을 만들어 판매하고 싶은 의상디자이너나 독자적인 의상을 만들어 팔고 싶은 의류소매점 등의 수요를 공략하고 있습니다.

시타테루 최대의 장점은 소량생산이 가능한 것 이외에 '리드타임이 압도적으로 짧다'는 데 있습니다. 일본에서 일반적인 의류의 경우, 패턴을 만들어 샘플을 준비하고 대량으로 생산해서 판매하기까지는 6개월 정도가 소요됩니다. 그러나 필요한 정보를 온라인으로 주고받는 시타테루에 주문하면 그 기간을 1~2개월로 단축할 수 있기 때문에 유행 변화에 신속하게 대응할 수 있다는 장점이 있습니다.

진화 ① 잠재 수요를 찾아라

이런 시타테루가 고성장을 이뤄낼 수 있었던 것은 일본 의류업계 특유의 복잡한 문제를 해결했기 때문입니다. 원래 일본 의류업계는 종합상사, 섬유상사, 의류제조업체, 도매업체, 중간도매업체, 소매점, 봉제공장 등이 복잡하게 모여 있는 구조입니다. 대량생산을 전제로 하는 시장이었기 때문에 생산 수량은 수백 벌 이상이 기본입니다. 따라서 소량 주문은 거절당하기 일쑤였고, 수용하더라도 단가가 놀랄 정도로 비쌌습니다. 그래서 디자이너나 의류소매점 등 옷을 소량으로 생산하는 사람들이 어려움을 겪고 있었습니다.

시타테루를 설립한 고노 사장은 구태의연한 이러한 업계의 풍토에 위화감을 느끼는 동시에, 승산이 있다고 생각했다고 합니다. 경영 컨설턴트 출신인 그는 "복잡하다는 것은 정보가 제대로 정리되어 있는 것이 아닐 뿐, 정리만 하면 강하게 묶여 있던 매듭도 풀릴 것이라고 직감했다"라고 합니다. 그 동안의 컨설팅 경험을 살려 얽혀있는 구조를 정리하고, 새로운 구조를 만들어내면 승산이 있겠다고 판단한 것입니다.

고노 사장은 제조기업 확보를 위해 조사를 시작했습니다. 아무래도 소규모 공장이 소량생산에 응해줄 것이라 생각했지만, 뜻밖에도 대규모 봉제업체가 오히려 소량생산에 긍정적인 태도를 보였다고 합니다. 왜냐하면 작업량에 부침이 심해 바쁘지 않을 때는 공장 가동을 멈추게 되는데, 이는 바로 손해로 이어지기 때문이었습니다. "소량이라도 공장을 가동하는 것이 수익률에 도움이 되기 때문에, 공장 스케줄에 맞는 소량 주문을 누군가 연결만 해줘도 좋겠다는 반응이었습니다."

게다가 처음에는 부정적 반응을 보이던 소규모 업체들도 각각의 상황에 맞출 수만 있다면 소량생산이 가능하다는 사실을 알게 되었습니다. 업체를 하나하나 방문한 결과, 기술 수준, 제작이 가능한 소재와 제품, 발주에서 납품까지의 리드타임은 물론 봉제단가도 모두 달랐던 것입니다. 고노 사장은 각 봉제업체의 생산 관련 정보를 모두 데이터베이스에 저장하는 한편 섬유업체와 중간도매상이 보유하고 있는 원단, 단추, 실 등의 정보도 함께 입력해서 플랫폼을 구축했습니다. 이로 인해 의상디자이너와 의류 소매점 등과 봉제업체의 최적의 매칭이 자동으로 가능하게 되었습니다.

2014년 3월 시타테루를 설립할 당시 플랫폼에 등록을 마친 봉제공장은 6곳에 불과했지만 2023년 말 기준 봉제업체를 중심으로 약 2만 개 업체가 사업자로 플랫폼에 등록되어 있습니다. 그중 원단, 지퍼, 단추는 물론 디자인을 바탕으로 입체재단을 하는 업체 등의 공급업체만도 1,100여개에 이릅니다.

주요 고객에는 의상디자이너와 독창적인 옷을 만들고 싶어 하는 소매 의류점만이 아니라 대형 의류 제조업체와 유명 의류 브랜드도 있습니다. 이들은 한정상품을 기획하거나 테스트 판매가 필요할 때 시타테루에 의뢰합니다. 최근 들어서는 일반기업에서 연구소나 레스토랑의 스태프용 유니폼의 제작 의뢰도 점점 늘어나는 추세입니다. 사업을 시작할 때는 일본기업들의 플랫폼을 만들 계획이었으나, 지금은 중국, 베트남, 한국, 방글라데시 등 해외 공급업체도 플랫폼에 들어와 있습니다.

2023년 3월에는 기존 사업에 더해 새롭게 의류 생산 서비스인 'sitateru CLOUD'를 시작했습니다. 고객사에 의류 제작에 필요한 자체 시스템을 제공해서 업무 효율 및 생산 체제 강화를 지원하는 서비스입니다. 디지털 전환을 지원하는 의류 생산 관리 서비스로, 생산과 관련한 다양한 업무를 효율적으로 관리할 수 있게 되었습니다. 또한 디지털 네이티브 브랜드로 불리는 각종 브랜드를 대상으로 수주, 생산, 배송을 일체형으로 만든 생산 일체형 EC패키지 서비스 'SPEC'도 새로 전개하고 있습니다.

최근 의류업계는 소비자 니즈가 보다 세분화되면서 D2C Direct to Consumer 브랜드는 물론 인기 캐릭터 등의 IP Intellectual Property (지식재산)를 이용해 의류를 제작하는 브랜드 등 새로운 시장 진입자가 등장하는 등, 경쟁이 더 치열해지고 있습니다. 그만큼 기회도 생기고 있다고 볼 수 있지요. 따라서 복잡하게 얽혀 있는 기존 구조에서 가능성을 찾아 새로운 비즈니스로 연결시킨 시타테루와 같은 기업이 앞으로도 계속 등장할 것이라고 전망합니다.

경영의 본질을
다시 생각한다

경영의 본질은 음식의 간과 크게 다르지 않습니다. 요리하면서 간이 맞으면 어떤 다양한 식재료가 더해져도 기본 이상의 평가를 받습니다. 요리 보조사가 만든 음식은 메인 셰프가 간을 보고 통과되어야 손님 테이블에 올라갑니다. 기업이 제품과 서비스를 세상에 내놓기 위해서는 치열하게 고민하여 만든 기업 고유의 본질을 갖고 있어야 합니다. 한 번 맞춰진 간은 경영이 힘들어지는 순간 빛을 발하게 될 겁니다. 누가 물어도 거침없이 곧바로 대답할 수 있는 나만의 것을 찾고 그것을 경영의 본질로 삼으면 기업의 지속가능성은 분명히 높아질 겁니다.

경영의 본질은 외적인 양적 성장보다는 내적인 질적 진화를 통해 단단하게 확립됩니다. 양보다 질이 선행되어야 합니다. 양적인 성장은 질적 진화 이후 자연스럽게 찾아옵니다. 그 본질을 제외한 모든 것은 바꿔도 됩니다. 아니 바꾸지 않으면 생존할 수 없을 겁니다. 지금이 최고의 전성기이기를 바란다면 변화해야 합니다. 이것이 이 책에 등장하는 일본의 작고 강한 기업들이 전하는 메시지입니다.

진정한 일본적경영은?

요즘 일본경제의 위상은 과거 '일본적경영'에 세계가 주목했던 때와는 참 많이 달라졌습니다. '일본적경영' 덕분에 일본은 눈부신 발전을 하며 세계 유수의 경제 대국이 될 수 있었다고 해도 틀린 말이 아닙니다. 일본에서 1990년 초 대학원을 다니며 배웠던 것 역시 일본기업의 우수성에 대한 것이었고, 수업마다 거의 빠짐없이 '일본적경영'이 등장했던 것으로 기억합니다.

1958년 일본에서 번역 출판되어 단숨에 베스트셀러가 된 『일본의 경영』에서 처음으로 사용된 '일본적경영'이라는 단어는 전후 일본 기업의 발전 원천이 기업별노동조합, 연공서열, 종신고용에 있다는 것을 규명하며, 이를 '3종의 신기'라고 명명했습니다. 미국 출신의 경영학자였던 제임스 아베글렌James Christian Abegglen이 쓴 이 책의 원제는 'The Japanese factory(일본의 공장)'였습니다. 1955년부터 1년 동안 일본의 19개 대규모 공장과 34개의 작은 공장을 방문해서 조사한 일본의 공장에 대한 이야기였지만, 당시 '글로벌 스탠더드'로 여겨졌던 서구식 경영기법으로는 상상하기 어려웠던, 일본기업 고유의 특징으로 알려지기 시작했습니다.

그로부터 약 20년이 지난 1978년에 미국의 저명한 사회학자이자 동아시아 전문가인 에즈라 보걸Ezra Feivel Vogel 하버드대학교 교수가 쓴 『세계 최고의 일본Japan as Number One』을 통해 일본경제의 고도성장이 가능했던 요인으로 '일본적경영'을 언급하며 일본기업의 경영기법에 다시 한 번 세계의 이목이 집중되었습니다. 그러나 여기서 언급된 일본기업 특유의 경영기법은 과거의 '3종의 신기'와는 차원이 달랐습니다. 회사에 대한 충성과 소속감이 높은 가족주의, 중장기적 발전을 위한 수익 중시, 상향식Bottom-up 의사결정, 안정적인 동반성장을 도모하는 기업간 거래B2B 등이 바로 그것입니다. 그들은 자신만의 '다름'으로 세계 시장에서 일본의 성장을 입증했습니다.

일본 강소기업 역시 그들만의 '일본적경영'이 존재합니다. 이들은 우리가 흔히 경영학에서 말하는 '글로벌 스탠다드'와는 거리가 멀어 보입니다. 일본의 방식이 틀렸다는 것이 아니라, 그들은 자신만의 '다름'으로 일본 국내는 물론 세계 시장에서 그 존재를 입증시켜 나가고 있습니다. 한국은 산업화 과정에서 일본을 부분적으로 참고하며 발전했고, 이제는 동반성장을 위해 서로 협력하는 관계에 이르렀습니다. 가끔 주변에서 우리나라 중소기업들이 이런 일본의 강소기업을 배워야 하지 않을까요?라는 말을 듣습니다. 그러나 장수하는 일본 강소기업의 특징을 분석하면 할수록, 어쩌면 배울 수 없는 영역일지도 모른다는 생각이 강해집니다. 왜냐하면 수백 년간 이어온 고유의 기업문화와 밀접히 관련되어 있기 때문입니다. 좋아 보인다고 다른 나라 기업들이 따라 한다고 성과가 있을까요? 저는 미지수라고 봅니다. 성질이 전혀 다릅니다. 따라서 배울 필요가 없을지도 모릅니다.

예컨대 일본 전통의 기업문화는 매출 같은 외형보다 존재가치에 더 방점을 찍는 경우가 많습니다. 기업을 바라보는 관점도 매우 다릅니다. 매출 하락이 한국에선 잘 용인되지 않습니다. 하지만 일본은 비록 적자가 나더라도 영속성을 유지한다는 가치를 중요하게 생각합니다. 사회적으로 공감대도 만들어져 있습니다. 외적 경영 지표만 놓고 보면 한국적 시각으로는 일본의 강소기업들이 이해가 안 갈 수도 있습니다. 하지만 그들 내면을 알면 이해가 갑니다. 이런 부분을 한국 기업들은 배우기 어려울 겁니다. 사회경제적 공감대가 형성되지도 않은 것도 문제입니다. 어쩌면 그걸 배울 에너지를 다른 데 쓰는 게 효율적이지 않을까 생각합니다.

무엇을 어떻게 적용해야 할까

기업은 '공공의 것'이라는 발상은 일본에서 비교적 일반적입니다. 그러나 다른 나라에서는 반드시 그렇지만은 않습니다. 주목해야 할 점은, '기업활동의 사회적 의의'가 장수하는 강소기업에서 공통으로 나타나는 '경영하는 이유'라는 것입니다. 그 상징적 표현이 '선의후리'입니다. 사회에서 긍정적으로 평가하는 사업을 하면 이익은 나중에 따라온다고 생각하는 경영을 말합니다. 지금의 ESG경영을 떠올리게 합니다. 일본 각지에는 '노렌카이'라는 오래된 기업들의 모임이 있습니다. 여기에 속해 있는 기업들의 경영이념에서는 대부분 '사회·공공 복지에 기여'와 '봉사와 서비스'를 기업의 목적으로 강조하고 있어, 기업의 사회적 책임을 강하게 의식하고 있음을 알 수 있습니다.

장수하는 강소기업의 비결은 기업 단독의 생존능력만이 아니라 주위와의 공생능력이 중요하다는 것을 알 수 있게 해 줍니다. 강소기업의 오랜 세월을 넘어 존속하기 위해서는 기업을 둘러싼 제반 요소와의 관계에 대해 깊이 배려하고, 그 관계를 유지하며 강화하는 데 많은 시간과 노력을 들였다는 것을 알 수 있습니다. 지역사회와의 공생, 더 나아가 지역사회의 활성화를 최우선으로 여기는 태도는, 경영학 이론에서 시작된 것이 아닙니다. 엄중한 경영환경을 극복하기 위해 필사적으로 만들어 낸 생활의 지혜라는 생각이 듭니다.

정말 일본은 30년을 잃어버렸을까요?

요즘 주변에서 한국의 저성장 기조와 맞물려 일본의 '잃어버린 30년'을 언급하는 사람이 많아졌습니다. 그런데 일본은 지난 30년 동안 도대체 무엇을 잃은 걸까요? 일본 경제가 버블붕괴로 경기침체를 겪기 시작했던 1990년대 초부터 10년 주기로 일본에서 부각한 '잃어버린 10년, 20년, 30년'의 내용을 살펴보면 대체로 성장하지 못한 경제 때문에 소중한 세월을 잃었다는 것으로 보입니다. 물론 엄밀한 학술적 의미는 경기침체가 지속되었던 시기를 뜻합니다. 따라서 사실 나라경제가 더 성장했어야 하는데, 그렇지 못했고, 그로 인해 그동안 성장한 나라에 비해 뒤처지게 되었다는 것으로 풀이됩니다. 분명히 국내총생산은 1990년을 정점으로 아래로 지속해서 곤두박질치기는 했지만, 여전히 세계 3위 경제대국의 자리를 굳건하게 지키며 선진국의 위상을 과시하고 있습니다. 어쩌면 일본이니까 그나마 저성장에 시달리면서도 이만큼 버틸 수 있었는지 모릅니다.

그러나 진정으로 일본경제가 지난 약 30여 년 동안 잃어버린 것은 길이고 기회였다고 생각합니다. 길을 잃고 헤매다가 기회조차 잃은 것입니다. 일본 특유의 '늦은 변화' 성향 때문이었을까요? 산업화 사회에서 절대강자였던 일본은 숨 가쁘게 진행되던 정보화 사회로의 전환에 지각생이라는 오명을 뒤집어쓰고 뒤늦게 합류했지만, 여전히 IT후진국의 이미지를 온전히 벗어던지지 못하고 깊은 시름에 빠져있습니다.

그럼에도 불구하고 일본이 서서히 부활하고 있다는 신호가 여기저기서 감지되기 시작하고 있습니다. 높은 실적에 힘을 받은 기업의 미래가치가 높은 평가를 받으며 주식시장이 역대 최고 수준의 호황을 누리고 있고, 미래 최고의 성장동력이 될 AI의 핵심이 될 반도체산업에서는 생산 및 연구개발 거점으로 일본의 가치가 급상승하고 있습니다. 이러한 경제성장의 긍정적 신호에 관광 수요와 시민 의식 등 일본 고유의 대체 불가한 저력이 더해지면 머지않은 미래에 1980년대 전성기의 모습을 되찾을 수도 있습니다.

그리고 일본경제가 깊은 시름에 빠져있던 시기에도 꿋꿋하게 자기의 길을 걸으며 기회를 포착하고 발전한 강소기업의 존재도 일본 부활의 중요한 역할을 하게 될 것입니다. 물건을 만드는 일본의 능력에 대해서는 구태여 다시 언급할 필요가 없다고 생각합니다. 그런데 잘 만들어야 하는 이유가 경쟁에서 이기고 시장을 선점하기 위함이라는 경제 논리로는 설명이 안 되는 경우가 있어서 저는 흥미롭습니다. 그래서일까요? 새로운 기능을 더하면서 더 나은 물건을 만들기 위한 경쟁이 제품 가격을 끌어올려 소비자의 외면을 받기도 합니다. 그래도 제품의 진화는 멈추지 않습니다. 시장과 소비자가 그 가치를 알아봐 줄 때까지 기다립니다. 그들의 경영은 시간과의 싸움입니다.

이 책에서 소개하는 힘겨운 시간을 견디며 진화한 기업은 일본이 가장 소중하게 생각하는 기업들일지 모릅니다. 목적을 가진 경영 탓에 걸어가야 하는 길은 정해져 있어 바꿀 수 없지만 준비된 강소기업에게 시대 흐름의 변화는 기회로 다가올 것이기 때문입니다. 이들 강소기업은 불역유행 경영을 실행한 덕분에 잃은 것이 없는 30년을 보낼 수 있었고, 그로 인해 일본경제는 더 심각한 위기를 피할 수 있었는지도 모릅니다. 서두르지 않고 옳다고 믿는 방향으로 굳건하게 나아가는 일본 강소기업의 모습은 더디게 보이지만 언젠가는 그 진가를 드러내는 일본경제와 많이 닮아 있습니다.

전략은 변해도
경영의 본질은 변하지 않습니다

　고령화, 저출산, 지방소멸 등 우리 경제가 안고 있는 시급한 과제 대부분은 일본이 앞서 경험한 것이 적지 않습니다. 1980년대 경제 호황을 누린 후 경험한 뼈아픈 후유증이 성장보다는 분배와 안정으로 일본을 이끌어가고 있습니다. 우리 경제가 만약 일본식의 장기 저성장의 늪에 빠지면 일본과는 다르게 회복하지 못할지도 모릅니다. 일본을 뛰어넘는 것보다 잘 따라가는 것조차 쉬운 일이 아닐 듯합니다. 앞으로 일본과 더 많은 차이가 곳곳에서 발생할지도 모릅니다. 왜냐하면 우리는 풍요로운 고도성장의 부정적인 후과를 기다려야 하는 처지가 되었기 때문입니다.

　끝나지 않을 것 같았던 저성장과 저물가의 고된 시절을 견디고 버티는 것은 대기업보다 작은 기업들이 더 힘들게 마련입니다. 그러니 그들에게는 '잃어버린' 30년이 아니라 더 단단해지고 강해지는 인내의 30년이었을 겁니다. 그 고난의 시기를 극복하며 발전한 일본의 작고 강한 기업들의 이야기는 시사하는 바가 적지 않습니다. 특히 일본과 너무도 비슷한 길을 걷고 있는 한국

경제에는 더욱 적용할 것이 많을 것입니다.

　일본의 강소기업에 대한 첫 번째 연구 성과로 2019년에 『일본 중소기업 본업사수 경영』이라는 책을 출간했습니다. 여기에서 고집스럽게 본업을 지켜가는 일본 강소기업들의 특징을 규명했고, 2022년에 두 번째로 출간한 『일본 중소기업 진화생존기』에서는 'DEEP 경영'을 통해 그들만의 고유한 경영을 밝히려는 시도를 했습니다. 『본질은 변하지 않는다』는 그에 이은 세 번째 연구결과로 '불역유행 경영'을 실천하기 위한 3대 원칙을 통해 일본 강소기업의 경쟁력을 규명하고자 했습니다.

　연구를 거듭할수록 메워야 할 빈틈이 여전히 많으며 보다 많은 기업사례와 역사적, 이론적 연구가 필요함을 느낍니다. 그럼에도 이 책에서 소개한 기업만큼, 우리가 알아야 하는 일본기업은 없다고 생각합니다. 이들 기업을 단단하게 만들고 지금까지 이끌어온 경영의 본질에 대한 이야기이며, 이것이 우리 경제의 미래이자 중추 역할을 하는 중소기업과 소상공인의 성공적 발전에 큰 울림을 줄 것이라 확신하기 때문입니다.

2024년 회기동 연구실에서
오 태헌

원칙 1. 목표가 아니라 목적

01 아에루

- 홈페이지 https://a-eru.co.jp/
- https://www.misawa.co.jp/homeclub/thinklife/post-57.php
- https://sogyotecho.jp/interview-yajima/
- https://president.jp/articles/-/13807?page=2
- https://social-innovation.kyoto.jp/spread/5731
- https://www.okamura.co.jp/magazine/wave/archive/1411yajimaB_4.html
- https://journal.rikunabi.com/p/career/22387.html
- https://mo-house.net/a-eru/
- https://newswitch.jp/p/17020
- https://www.tsukuriba.net/partner/producer/yajima/
- 矢島里佳(2014)『和える-aeru-(伝統産業を子どもにつなぐ25歳女性起業家)』早川書房

02 슈즈미니슈

- 홈페이지 https://www.regeta.co.jp/ (2019년 슈즈미니슈에서 리게타로 사명 변경)
- https://screen-life.jp/lifestory/story/person027/
- https://shopping.geocities.jp/gjweb/shopcanoe/gjrcdesigner01.html
- http://www.f-works.com/fwp/fwpbn/21-08/pick6.html
- https://www.g-mark.org/gallery/winners/9e034e06-803d-11ed-af7e-0242ac130002?years=2019
- https://toyokeizai.net/articles/-/235698
- https://www.nikkan.co.jp/articles/view/00522941/0/15338
- https://senken.co.jp/posts/regettacanoe-osaka-second
- https://www.youtube.com/watch?v=GBQw_7gcg5I

03 마루나오

- 홈페이지 https://www.marunao.com/
- https://ovninavi.com/marunao/
- https://nihonmono.jp/article/32103/
- https://things-niigata.jp/other/marunao/
- https://www.youtube.com/watch?v=RFF4l8NRCzU
- https://president.jp/articles/-/26578?page=3
- https://news.infoseek.co.jp/article/president_26578/
- https://shop.nihonmono.jp/collections/producer-104
- https://shigoto100.com/2024/03/marunao.html
- https://www.sankei.com/article/20160731-QPTRJRANB5IQFJ352KQUY7RAXI/
- https://rs-niigata.net/change/201708_marunao.html

04 니시무라 프레시즌

- 홈페이지 https://www.paperglass.jp/
- https://president.jp/articles/-/26644?page=1
- https://next-innovation.go.jp/renovator/presspost/interview20171205/
- https://kenja-succession.com/articles/strategy/succession014-2/
- https://seniorlife-soken.com/archives/14543
- https://prtimes.jp/main/html/rd/p/000000014.000008778.html
- https://shopping.geocities.jp/paper-glass/news/pg_tokyo/index.html
- https://www.jpo.go.jp/news/koho/kohoshi/vol50/01_page4.html
- https://www.joqr.co.jp/nmt/special/2017/07/post-12.php
- https://www.atpress.ne.jp/news/299678

05 오무라야

- 홈페이지 https://www.oomuraya.co.jp/
- https://president.jp/articles/-/29234?page=1
- https://news.infoseek.co.jp/article/president_29234/
- https://www.oomuraya.co.jp/ryokan/news/8926584928ab9ab554a2322033b00fa0/
- 西日本新聞, 2014년 6월 11일자
- 佐賀新聞, 2014년 6월 13일자
- 読売新聞, 2014년 6월 2일자

06 오토후 공방 이시카와

- 홈페이지 https://otoufu.co.jp/
- 石川伸(2019)『年商50億のまっすぐ経営術』, 集英社
- 石川伸(2011)『大豆が教えてくれること』, 日新報道

- https://otoufu.co.jp/wp/wp-content/uploads/2024/05/2406_mamemaga.pdf
- https://president.jp/articles/-/29018?page=1
- https://www.maff.go.jp/tokai/shohi/seikatsu/mc/230523.html
- https://locagoo.co.jp/location/otoufu/
- https://vegewel.com/ja/style/otoufu-ishikawa
- 経済月報, 2017년 6월호, おとうふ市場大まめ蔵
- https://gasmo.tohogas.co.jp/ecoreport2016/case04.html

07 플래티넘 만년필 주식회사

- 홈페이지 https://www.platinum-pen.co.jp/
- https://www.youtube.com/channel/UCT6ekHO3Orb8pi7QhhyMGKg
- https://my-best.com/5556
- https://www.sumi-ri.com/platinum-president.html
- https://www.jmac.co.jp/case/detail/201702_01.html
- https://xtrend.nikkei.com/atcl/contents/casestudy/00012/00255/
- https://www.tv-tokyo.co.jp/plus/lifestyle/entry/202405/15185.html
- https://digital-camera.jp/?p=748
- https://toyokeizai.net/articles/-/225477

08 힐톱

- 홈페이지 https://hilltop21.co.jp/
- 山本昌作(2018)『遊ぶ鉄鋼所』,ダイアモンド社
- 企業経営研究所(2022년7월25일)「企業経営」제159호
- https://www.pref.kyoto.jp/sangyo-sien/company/hilltop.html
- https://www.works-i.com/project/dx2021/real/detail003.html
- https://www.dodadsj.com/content/200221_kyoto-hilltop/
- https://connect.panasonic.com/jp-ja/gemba/article/00180388
- https://note.com/glocalcenter/n/n16e677ceaed2
- https://www.works-i.com/works/series/seikou/detail022.html
- https://caddi.com/drawer/case/hilltop/
- https://newspicks.com/news/8203796/body/
- https://president.jp/articles/-/28644

09 윌

- 홈페이지 https://whill.inc/jp/
- https://xtrend.nikkei.com/atcl/contents/casestudy/00012/00753/
- https://www.b2b.alibaba.co.jp/aj-press/000356/
- https://response.jp/article/2021/10/20/350540.html
- https://www.nikkei.com/article/DGXMZO25548460R10C18A1000000/
- https://www.youtube.com/c/whilljapan

- https://www.nippon-foundation.or.jp/journal/2023/86292/disability
- https://www.teijin.co.jp/news/2023/04/13/20230413_01.pdf
- https://xtrend.nikkei.com/atcl/contents/casestudy/00012/00753/
- https://prtimes.jp/story/detail/AxMA3aC0P4x
- https://toyokeizai.net/articles/-/620374
- https://digital-shift.jp/startup_technology/220823

10 티어

- 홈페이지 https://www.tear.co.jp/
- https://president.jp/articles/-/20397?page=3
- https://y-osohshiki.com/column/279
- https://www.projectdesign.jp/202104/tech-change-flow/009161.php
- https://seikeidenron.jp/articles/745
- https://www.youtube.com/channel/UCnUpKA97NF8ZzvEZ2yFZ9xw

11 사토

- 홈페이지 https://satoo-hat.com/
- https://www.chanvremaki.com/view/page/about
- https://www.taito-zakka-fair.jp/oem/hat_satoh.html
- https://smbiz.asahi.com/article/15099096
- https://monomachi.com/2024/04/08/satoo-hat/
- https://news.yahoo.co.jp/articles/e6cdec9f024c42d590b8b4c031e9f6b6e4933852
- https://chanto.jp.net/articles/-/1005240?display=b
- https://news.livedoor.com/article/detail/26459325/
- https://news.yahoo.co.jp/articles/3c4e73b70f12a2d2b4596749f300cfacbbcd64b6?page=4

원칙 2. 성장이 아니라 발전

12 마루카식품

- 홈페이지 https://e-maruka.co.jp/
- https://www.youtube.com/watch?v=mYp8jah8C_g
- https://maruka-recruit.net/top-message/
- https://e-maruka.co.jp/initiatives/
- https://news.yahoo.co.jp/expert/articles/497ad2d6370a39e8beb10165a1252282da33bacb
- https://president.jp/articles/-/28449?page=1

13 아이치도비

- 홈페이지 https://www.vermicular.jp/
- https://president.jp/articles/-/8349
- https://president.jp/articles/-/21274
- https://president.jp/articles/-/21897
- https://www.nikkei.com/article/DGXZQOFD1929A0Z10C23A9000000/
- https://prtimes.jp/main/html/rd/p/000000068.000028491.html
- https://www.tus.ac.jp/ridaihito/2100.html
- https://newspicks.com/news/6581027/body/
- https://www.projectdesign.jp/201902/innovation-from-nagoya/005994.php
- https://dime.jp/genre/957680/
- https://review.tanabeconsulting.co.jp/column/kitamuramori/6895/
- https://www.tv-tokyo.co.jp/cambria/backnumber/2018/0201/

14 고레이샤

- 홈페이지 https://www.koureisha.co.jp/
- https://www.asahi.com/articles/DA3S15168587.html
- https://www.koureisha.co.jp/wordpress/wp-content/uploads/20220114_01.pdf
- https://www.koureisha.co.jp/wordpress/wp-content/uploads/20220114_02.pdf
- https://www.mm-chiyoda.or.jp/column/legwork/2250.html
- https://project.nikkeibp.co.jp/behealth/atcl/feature/00003/012400265/
- https://mainichi.jp/premier/business/articles/20230518/biz/00m/020/009000c
- https://hometown.metro.tokyo.jp/post_time/vol-33/
- https://www.jil.go.jp/event/ro_forum/20190123/resume/07-jirei3-koureisha.pdf
- https://www.asahi.com/articles/ASQ1C41TCQ16UTIL047.html
- https://www.jil.go.jp/event/ro_forum/20140925/houkoku/03_jirei2.html
- https://president.jp/articles/-/18409

15 야마자키금속공업

- 홈페이지 https://www.yamazakitableware.co.jp/
- https://kagu.world-display.co.jp/yamazaki-kinzoku-kogyo
- https://sanjo-school.net/spblog/?p=731
- https://www.nico.or.jp/sien/hojokin/33920/
- https://prtimes.jp/main/html/searchrlp/company_id/80226
- https://www.youtube.com/watch?app=desktop&v=U996tQDc6h0
- https://business.nikkei.com/atcl/report/15/278209/013100186/
- https://www.nikkei.com/article/DGKKZO71376980W3A520C2L31000/
- https://gladd.jp/blog/lifestyle/yamaco-yamazaki-cutlery/
- https://serai.jp/item/85508

- https://www.youshokki.com/yamazakikinzokukogyo1906/

16 가타노공업

- 홈페이지 https://www.katano.co.jp/
- https://president.jp/articles/-/14570
- https://www.townnews.co.jp/0113/2012/10/18/161400.html
- https://www.townnews.co.jp/0113/2012/10/18/161400.html
- https://www.navida.ne.jp/snavi/5418_1.html
- https://www.nikkei.com/article/DGXNZO54779840Y3A500C1L82000/
- https://response.jp/article/2013/02/09/190865.html
- https://njstore.jp/hp130201/

17 산리오

- 홈페이지 https://www.sanrio.co.jp/
- https://www.itmedia.co.jp/business/articles/2309/13/news053_3.html
- https://toyokeizai.net/articles/-/362291
- https://toyokeizai.net/articles/-/664892
- https://toyokeizai.net/articles/-/609313
- https://toyokeizai.net/articles/-/432527
- https://toyokeizai.net/articles/-/230581
- https://toyokeizai.net/articles/-/212064
- https://xtrend.nikkei.com/atcl/contents/casestudy/00012/01455/
- https://www.nikkei.com/article/DGXZQOUC21BLY0R20C24A5000000/
- https://xtrend.nikkei.com/atcl/contents/18/00019/00050/

18 에스프라이드

- 홈페이지 https://esspride.com/
- https://president.jp/articles/-/17144
- http://www.hataraku-okashi.com/
- https://www.nikkei.com/article/DGXLZO96211390X10C16A1TJE000/
- https://www.nikkei.com/compass/content/PRTKDB000000099_000032768/preview
- https://www.nikkei.com/compass/content/PRTKDB000000080_000032768/preview
- https://www.nikkei.com/compass/content/PRTKDB000000032_000032768/preview
- https://esspride361.com/
- https://www.nnlife.co.jp/pedia/succession/esspride_20200720
- https://www.3c-s.jp/case/voice05.php
- https://www.nikkan.co.jp/articles/view/505727

19 유글레나

- 홈페이지 https://www.euglena.jp/
- https://business.nikkei.com/atcl/gen/19/00122/022500118/
- https://president.jp/articles/-/13464?page=4
- https://president.jp/articles/-/71435
- https://president.jp/articles/-/71434
- https://president.jp/articles/-/15092
- https://toyokeizai.net/articles/-/655489
- https://toyokeizai.net/articles/-/8655
- https://toyokeizai.net/articles/-/654259
- https://toyokeizai.net/articles/-/95004
- https://business.nikkei.com/atcl/gen/19/00461/031900170/
- https://business.nikkei.com/atcl/gen/19/00461/031900169/

20 마루다이운수

- 홈페이지 https://www.marudai-unyu.com/
- https://smbiz.asahi.com/article/15019833
- https://www.townnews.co.jp/0607/2023/01/01/657555.html
- https://www.rinen-mg.co.jp/web-rinentokeiei/entry-5634.html

21 베넥스

- 홈페이지 https://store.venex-j.co.jp/
- https://president.jp/articles/-/16043?page=3
- https://prtimes.jp/main/html/searchrlp/company_id/65392
- https://www.youtube.com/watch?v=QVxyQwvT71o
- https://magazine.nikkei.com/article/DGXKZO47955580Q9A730C1H63A00
- https://www.nikkei.com/article/DGXNASFB1003K_Q1A810C1L82000/
- https://www.nikkei.com/article/DGXLRSP453628_Y7A800C1000000/
- https://toyokeizai.net/articles/-/185419
- https://toyokeizai.net/articles/-/250970?page=2

원칙 3. 개발이 아니라 개선

22 야마다제작소

- 홈페이지 https://www.yamada-ss.co.jp/
- president.jp/articles/-/15932
- https://hatarakikatakaikaku.mhlw.go.jp/casestudy/file113/
- 日経新聞 2018년9월26일자

- https://www.yamada-ss.co.jp/wordpress/wp-content/uploads/2022/11/2021en
  vironmentalmanagementreport.pdf
- https://kinzokukakou.biz/
- https://www.m-osaka.com/jp/special/000094.html
- https://www.m-osaka.com/jp/exhibitors/211/

23 아큐라이즈

- 홈페이지 https://www.akyrise.jp/
- https://president.jp/articles/-/14123
- https://hatarakikatakaikaku.mhlw.go.jp/casestudy/file113/
- https://www.netkeizailab.com/?pid=124862415
- https://www.bci.co.jp/netkeizai/interview/280

24 시로카

- 홈페이지 https://www.siroca.co.jp/
- https://www.itmedia.co.jp/business/articles/2204/15/news014_5.html
- https://www.siroca.co.jp/corporate/
- https://toyokeizai.net/articles/-/359027
- https://topics.smt.docomo.ne.jp/article/onenews/business/onenews-
  1174387?redirect=1
- https://toyokeizai.net/articles/-/162832?page=2
- https://www.itmedia.co.jp/business/articles/2302/01/news039.html
- https://txbiz.tv-tokyo.co.jp/gaia/oa/post_152225

25 가토제작소

- 홈페이지 https://www.katog.co.jp/
- https://www.itmedia.co.jp/business/articles/1809/21/news017.html
- 加藤景司(2013)『意欲のある人'求めます. ただし60歳以上 - 日本一の高齢者
  雇用企業・加藤製作所'躍進の秘密』PHP研究所
- https://www.katog.co.jp/media/pdf/komei_shinbun_20140630.pdf
- https://www.katog.co.jp/media/pdf/20151201_asahi.pdf
- https://www.katog.co.jp/media/pdf/20180306_gifu.pdf
- https://www.katog.co.jp/media/pdf/201809_collective_wisdom.pdf
- https://www.katog.co.jp/media/pdf/20181118_asahi.pdf
- https://www.katog.co.jp/media/pdf/20190107_yomiuri.pdf
- https://www.katog.co.jp/silver/pdf/202103_nikkankougyo.pdf

26 야마토

- 홈페이지 https://www.yamato.co.jp/
- 日本経済新聞社(2019)『100年企業 強さの秘密』日経MOOK
- https://toyokeizai.net/articles/-/541866
- http://akatsuka-tokumaru.cocolog-nifty.com/blog/2018/08/2018-ce33.html
- https://business.nikkei.com/atcl/gen/19/00163/111600107/
- https://xtrend.nikkei.com/atcl/contents/watch/00013/01716/
- https://www.nikkei.com/article/DGXZZO19652290U7A800C1000000/

27 폴리그루

- 홈페이지 file:///C:/Users/LG/Downloads/K02030.pdf
- https://www.jetro.go.jp/biznews/2024/02/6819b9c1d85c8be3.html
- https://www2.nec-nexs.com/bizsupli/column/oda/
- https://president.jp/articles/-/13915
- https://www.nikkei.com/article/DGXMZO27754230W8A300C1AA2P00/
- https://www.nikkei.com/article/DGXNASM225007_V20C11A3000000/
- https://www.tv-tokyo.co.jp/gaia/backnumber/preview080603.html

28 알코닉스

- 홈페이지 https://www.alconix.com/
- https://business.nikkei.com/atcl/NBD/19/00114/00190/
- https://business.nikkei.com/atcl/gen/19/00289/030800052/
- https://www.marktec.co.jp/topics/tabid/101/Default.aspx?itemid=376&dispmid=1015
- https://www.zaikei.co.jp/article/20220609/675764.html

29 토미자와 상점

- 홈페이지 https://tomiz.com/
- https://business.nikkei.com/atcl/NBD/19/00114/00194/
- https://xtrend.nikkei.com/atcl/contents/18/00763/00003/
- https://www.nikkei.com/article/DGXZQOUC152WL0V11C22A2000000/
- https://www.nikkei.com/compass/content/PRTKDB000000008_000083916/preview
- https://topics.smt.docomo.ne.jp/article/netkeizai/business/netkeizai-11431
- https://diamond-rm.net/management/106526/2/
- https://diamond-rm.net/management/478277/

30 GLM

- 홈페이지 https://glm.jp/

- https://prtimes.jp/main/html/rd/p/000000006.000016399.html
- https://president.jp/articles/-/21072
- https://news.yahoo.co.jp/articles/dd34563250c75bdbf5774f2db6744c8c2488963f
- https://toyokeizai.net/articles/-/170149
- https://www.nikkei.com/article/DGXMZO25820390X10C18A1LKA000/
- https://www.toyotires.co.jp/press/2018/180117.html
- https://diamond.jp/articles/-/123344
- https://diamond.jp/articles/-/125628
- https://business.nikkei.com/atcl/report/15/264450/050800063/

31 홋피 비버리지

- 홈페이지 https://www.hoppy-happy.com/
- 日本経済新聞社(2019)『100年企業 強さの秘密』日経MOOK
- https://www.foods-ch.com/shokuhin/1530785695364/
- https://toyokeizai.net/articles/-/241839
- https://www.americanexpress.com/ja-jp/business/trends-and-insights/articles/essence-of-business-succession/
- https://dot.asahi.com/articles/-/120849?page=1
- https://www.uchida.co.jp/system/report/20220029.html
- https://jane.or.jp/blog/?p=652
- https://diamond.jp/articles/-/315132
- https://project.nikkeibp.co.jp/bpi/atcl/column/19/113592/
- https://project.nikkeibp.co.jp/bpi/atcl/column/19/114345/

32 시타테루

- 홈페이지 https://sitateru.com/
- https://prtimes.jp/main/html/rd/p/000000211.000041863.html
- 中小企業庁『儲かる中小企業』
- https://markezine.jp/article/detail/35592
- https://toyokeizai.net/articles/-/566136
- https://biz-journal.jp/company/post_114822.html
- https://xtech.nikkei.com/atcl/nxt/column/18/01158/070400052/

1부 목표가 아니라 목적

- 34쪽 위 https://shop.a-eru.co.jp/product/newborngift/
- 34쪽 아래 https://shop.a-eru.co.jp/product/kyoyaki-dish/
- 38쪽 https://www.regeta.co.jp/brand/regeta/index.html
- 40쪽 https://www.regeta.co.jp/category/interview/detail__208.html
- 46쪽 https://www.marunao.com/cms_en/concept/
- 53쪽 https://www.paperglass.jp/about/
- 61쪽 https://www.oomuraya.co.jp/ryokan/
- 68쪽 https://otoufu.co.jp/products/
- 75쪽 https://www.platinum-pen.co.jp/brands/preppy/
- 81쪽 위 https://hilltop21.co.jp/manufacturing/
- 81쪽 아래 https://hilltop21.co.jp/development/
- 89쪽 https://whill.inc/jp/compare-devices
- 94쪽 https://www.tear.co.jp/features/reasons/only-one/

2부 성장이 아니라 발전

- 131쪽 https://www.yamazakitableware.co.jp/quality/
- 151쪽 https://www.nnlife.co.jp/pedia/succession/esspride_20200720
- 169쪽 https://www.venex-j.co.jp/recoverywear/technology/

3부 개발이 아니라 개선

- 182쪽 https://www.yamada-ss.co.jp/3s.html
- 207쪽 https://www.yamato.co.jp/product-category/liquid_glue/
- 230쪽 위, 아래 © getty images.
- 239쪽 https://en.hoppy-happy.com/products/hoppy/

본질은 변하지 않는다

1판 1쇄 인쇄 2024년 10월 7일
1판 1쇄 발행 2024년 10월 16일

지은이 오태헌
펴낸이 김영곤
펴낸곳 (주)북이십일 21세기북스

정보개발팀장 이리현
정보개발팀 이수정 강문형 박종수 최수진 김설아
디자인 표지 디스 커버 **본문** 이슬기
출판마케팅팀 한충희 남정한 나은경 최명렬 한경화
영업팀 변유경 김영남 강경남 황성진 김도연 권채영 전연우 최유성
제작팀 이영민 권경민

출판등록 2000년 5월 6일 제406-2003-061호
주소 (10881) 경기도 파주시 회동길 201(문발동)
대표전화 031-955-2100 **팩스** 031-955-2151 **이메일** book21@book21.co.kr

ⓒ 오태헌, 2024
ISBN 979-11-7117-855-1 03320

(주)북이십일 경계를 허무는 콘텐츠 리더

21세기북스 채널에서 도서 정보와 다양한 영상자료, 이벤트를 만나세요!
페이스북 facebook.com/jiinpill21   **포스트** post.naver.com/21c_editors
인스타그램 instagram.com/jiinpill21 **홈페이지** www.book21.com
유튜브 youtube.com/book21pub

책값은 뒤표지에 있습니다.
이 책 내용의 일부 또는 전부를 재사용하려면 반드시 (주)북이십일의 동의를 얻어야 합니다.
잘못 만들어진 책은 구입하신 서점에서 교환해드립니다.